WES YODER

# Laços de amizade



SEXTANTE

Todas as citações bíblicas utilizadas nesta obra foram extraídas da Nova Versão Internacional.

*tradução*
Marcello Lino

*preparo de originais*
Alice Dias

*revisão*
Hermínia Totti e Rebeca Bolite

*projeto gráfico e diagramação*
Abreu's System

*capa*
Raul Fernandes

*imagem de capa*
Stockbyte / Getty Images

*impressão e acabamento*
Bartira Gráfica e Editora S/A

CIP-BRASIL. CATALOGAÇÃO-NA-FONTE
SINDICATO NACIONAL DOS EDITORES DE LIVROS, RJ

---

Y52l Yoder, Wes, 1950-
Laços de amizade / Wes Yoder [tradução de Marcello Lino]; Rio de Janeiro: Sextante, 2011.

Tradução de: Bond of brothers
ISBN 978-85-7542-679-1

1. Homens cristãos – Vida religiosa. 2. Relações humanas – Aspectos religiosos – Cristianismo. 3. Amizade. I. Título.

11-3721 CDD: 248.842
CDU: 248.151

---


GMT Editores Ltda.
Rua Voluntários da Pátria, 45/1.404 – Botafogo
22270-000 – Rio de Janeiro – RJ
Tel.: (21) 2538-4100 – Fax: (21) 2286-9244
E-mail: atendimento@esextante.com.br
www.sextante.com.br

*Para meu pai*
*Para meu filho*
*Com amor para Linda, Jenny e mamãe*

*"Assim como o ferro afia o ferro,*
*o homem afia seu companheiro."*
Provérbios 27:17

*Os homens são moldados por aquilo que amam.*
*Um homem deve, portanto, adotar como seu*
*amor supremo aquilo que ele deseja que molde*
*seu coração, sua alma, sua mente e sua vida.*

# Sumário

# Prefácio

Sejam bem-vindos, irmãos que foram machucados pela vida, que estão paralisados e não conseguem decidir o que fazer daqui em diante.

Bem-vindos, pais que desejam deixar um legado espiritual e humano para seus filhos e para os que vierem depois deles.

Bem-vindos, homens que têm a alma bondosa mas que raramente encontram as palavras certas para dizer às pessoas queridas o que realmente pensam, sentem e acreditam.

Bem-vindos sejam todos aqueles que gostariam de iniciar uma conversa com os pais e com outros homens.

E também as mulheres que desejam escutar e entender melhor os homens de sua vida – marido, pai, filhos e amigos.

Sejam bem-vindos, sobretudo, aqueles que foram magoados ou traídos pelas pessoas em quem mais confiavam.

Pense nisto, caro leitor, como um convite para uma nova conversa.

## INTRODUÇÃO

# Entregar minha filha a um de nós? Você está brincando?

Um homem entregar a filha a outro homem "até que a morte os separe" é uma ideia inconcebível. Até acontecer com você, isso não lhe passa pela cabeça. Mas, quando acontece, o choque provoca um silêncio profundo que desencadeia as mais vívidas recordações de sua juventude. Isso ocorre com todos os homens, em qualquer lugar do mundo. As lembranças podem ser assustadoras. Todo homem que se conhece também conhece todos os outros homens. Quando um jovem pede a mão de sua filha, você simplesmente gostaria de negá-la.

Há algo indescritivelmente belo em se ter uma filha – que, mais tarde, será entregue a um homem rude e desajeitado. Nunca vou me esquecer da manhã fria em que o médico anunciou o nascimento de Jenny. "É uma menina", disse ele. "Tem certeza?", perguntei. Eu não fazia ideia do que significava ser pai de uma menininha; só sabia que uma garota precisa de uma figura paterna que tenha bom coração. E eu estava com medo de não ser carinhoso o suficiente.

Mas ela cresceu, eu cresci e, por um milagre do destino, avançamos juntos e em harmonia ao longo dos anos. Eu lhe ensinei a andar de bicicleta e a desculpar um amigo que a magoara, mostrando a ela que era importante saber perdoar. Ajudei-a com o dever de casa e a fiz compreender coisas que ela achava difíceis demais. Conversei sobre garotos e, durante os anos de escola, preparei o café da manhã para ela e para o irmão.

Construí um celeiro e cerquei o pasto para Sugar, o cavalo que ela ganhou de presente de Natal aos 10 anos de idade. Quando Jenny tinha 17 anos e o animal deixou de ser um elo entre nós, chorei como um bebê, enquanto *minha filha me consolava*. "Está tudo bem, pai", disse ela. "Vamos encontrar outra coisa para fazermos juntos."

Na minha tradição religiosa e em muitas outras, o pai é o líder espiritual da família. Cabe a ele a honra e o privilégio de fornecer abrigo e sabedoria durante as intempéries da vida e de oferecer a proteção de que a família necessita a fim de que os filhos não corram para outros braços para explorar o amor (ou algo perigoso que o substitua) cedo demais. E se tiver uma filha, também cabe a ele entregá-la ao seu amado perante Deus, os familiares e todas as pessoas que estiverem presentes.

Não é tão fácil quanto parece. Nem é simples falar a respeito, especialmente quando você não conhece ninguém que tenha falado sobre isso antes.

O sujeito leva a garota e nem pensa em como é difícil para um pai entregá-la a outro homem, até que chegue sua própria vez de pôr em jogo sua filha e sua coragem. Tudo o que ouvi a respeito desse assunto foi uma palavra – "assustador" – de um amigo e um resmungo ininteligível de outro. Agora entendo o que eles quiseram dizer com essas respostas enigmáticas. Meu pai me contou mais tarde que, embora gostasse do noivo da minha irmã, ele a levou até o altar o mais vagarosamente possível. Eu fiz a mesma coisa.

Como os homens, em sua maioria, não conversam sobre coisas que realmente importam, não é de surpreender que não falem sobre um dos gestos mais significativos que eles podem fazer. Naquele momento sagrado e simbólico, coloquei a mão da minha filha na mão do homem que ela amava e abdiquei do papel de conselheiro espiritual, definindo assim meu legado e, em muitos aspectos, determinando o curso de sua vida.

Jenny estava radiante, resplandecente como um anjo. No final de uma perfeita tarde de verão, no gramado onde ela brincava desde sempre, ficamos juntos por um último momento enquanto a música ressoava. Depois, fiz o que um homem deve fazer quando está ao lado da filha perante Deus e o parceiro que ela escolheu. Sorrindo, consciente, acreditando e esperando, entreguei a carne da minha carne e o sangue do meu sangue a um de nós.

# CAPÍTULO 1

# Vamos falar sobre masculinidade

*Onde estão o teu zelo e o teu poder?*
*Retiveste a tua bondade e a tua compaixão; elas já nos faltam!*
Isaías 63:15

Meu pai nunca foi um homem amargo. Ele era rígido em relação ao trabalho e à fé, mas sempre trazia uma canção nos lábios, um brilho nos olhos e um sorriso maroto no canto da boca. Quando era jovem, ele considerava o bom comportamento uma manifestação da experiência íntima e pessoal da fé. Quanto melhor fosse a conduta de uma pessoa, maior era a chance de que ela de fato acreditasse em Deus. Mas, à medida que os anos foram passando, a canção de seu coração aos poucos foi mudando: meu pai entendeu que Deus amava a todos independentemente de nosso desempenho perante Ele.

Muitas vezes, ele era criticado pelos parentes por não ser suficientemente severo com os filhos. E, graças a essa bondade, ele salvou minha vida.

Os detalhes não são importantes porque essa história não pertence a mim, e sim a ele. Porém, o que posso dizer é que meu pai levou quase 70 anos para aprender a ser totalmente sincero com a família.

Quanto tempo eu mesmo demorei? E você? Só sei que agora ele é um homem livre e sua liberdade tem muito a ver com a minha, como você pode constatar. Seus filhos estão ligados a você, para o bem ou para o mal, da mesma maneira.

Ao longo dos anos, pensei várias vezes que deveria desistir de escrever este livro, mas insisti em tentar romper o silêncio. Gosto de me esconder tanto quanto você e, ao expor pensamentos e ideias ainda em formação, posso destruir qualquer ilusão de que tenho controle sobre alguma coisa. Então decidi iniciar um diálogo sobre o que considero a arquitetura do coração e da alma masculina e auxiliar os homens a encontrarem uma linguagem que expresse quem eles são a fim de restaurarem suas famílias e seus sonhos.

Os homens que foram magoados mas não permitiram que seu coração endurecesse são mais úteis ao reino de Deus do que aqueles que ainda não vivenciaram a dor ou a frustração. Talvez eu possa ajudar um homem amargurado a se tornar uma pessoa melhor, com um renovado senso de propósito e cheio de esperança. Talvez possamos superar juntos nossos medos.

Muito do que sei, aprendi na marra, na escola da vida, a golpes violentos. Eu e meus irmãos de jornada somos como homens lutando com anjos à noite no deserto, como Jacó. Pouco antes do amanhecer, seu último grito foi: "Não te deixarei ir, a não ser que me abençoes" (Gênesis 32:26). Ele saiu mancando daquela luta improvável, mas também levou consigo a bênção pronunciada por Deus. Se observarmos a minha vida e a sua, descobriremos que também mancamos. Talvez você já tenha se dado conta de que Deus o abençoou, o protegeu, o curou e derramou Sua graça em seu coração, e continua a fazer isso diariamente. Mas talvez isso lhe pareça um sonho impossível, distante demais para ser vivenciado.

Você, meu irmão, é o motivo pelo qual decidi colocar meu coração neste livro e falar de coisas sobre as quais não costumamos falar, a fim de recuperar o que nos foi roubado: nossa família, nossos filhos, netos e amigos. Este livro é sobre a luta que cada um de nós enfrenta para se tornar homem, para entender a si mesmo, para viver sua masculinidade. Este livro é para você e para todos nós.

## Tal pai, tal filho

O homem que deveríamos conhecer melhor - nosso pai - provavelmente é o mais estranho de todos. Muitas vezes, esse homem passa por nossa vida como um herói silencioso ou como uma figura misteriosa e distante. Quantas vezes você já ouviu ou disse algo como "Meu pai não fala muito" ou "Não conheci meu pai muito bem"? Essas palavras se transformam de um sussurro no coração de um menino em um aperto no peito de um adulto, que se vê repetindo esse padrão e desejando poder chamar aquele homem de "amigo".

O homem que deveríamos conhecer melhor - nosso pai - provavelmente é o mais estranho de todos.

Aos 89 anos, meu pai contou que meu avô, um homem muito religioso e severo, só o havia elogiado uma vez na vida. Ele se lembrava daquele momento como se tivesse acontecido no dia anterior.

– O que você fez para merecer esse elogio? – perguntei.

Seu rosto se iluminou e ele disse:

– Empilhei os feixes de trigo na carroça melhor do que qualquer um dos meus oito irmãos.

Embora eu compreendesse que aquele era realmente um elogio e tanto para um garoto de uma família numerosa que vive numa fazenda, perguntei:

– Como teria sido se o vovô o tivesse elogiado dez vezes durante a sua infância e não apenas uma?

– Não sei.

Esse amor estava além de sua compreensão. Embora ele já estivesse bem velhinho, ainda dava para perceber em sua voz o desejo de um filho por ouvir palavras encorajadoras e verdadeiras do pai.

Algum tempo mais tarde, voltei a falar sobre a relação dele com meu avô.

– Você me falou várias vezes que sabia que seu pai o amava. Como sabia? Ele alguma vez *disse* isso para você?

– Não, nunca ouvi essas palavras – respondeu ele, sua voz desaparecendo.

– Nem mesmo quando o senhor já estava crescido e tinha sua própria família? – insisti.

– Não. Nunca. – Ele fez uma pausa, depois completou: – Mas eu sempre soube que ele me amava. Quando fui convocado para a guerra, em 1941, ele falou que gostaria de poder ir no meu lugar.

O fato de meu pai ter descoberto que era possível viver de uma forma diferente é algo notável.

Quase todos os homens que conheço conseguem se lembrar de cada palavra elogiosa ou crítica dita pelo pai, mesmo muitos anos mais tarde. As palavras, sobretudo as paternas, têm o poder de ferir ou curar o espírito humano. Por meio delas, fortalezas espirituais são construídas e legados espirituais (bons ou ruins) são criados. As palavras têm o poder de moldar o destino de uma criança, e os pais possuem a chave da vida dos filhos. Negar a eles um elogio, um abraço ou um "eu te amo" é uma sentença de morte – uma morte emocional e espiritual mas, ainda assim, uma morte.

---

Os pais possuem a chave da vida dos filhos.
Negar a eles um elogio, um abraço ou um
"eu te amo" é uma sentença de morte.

---

Se o que dizemos, quem somos e o que fazemos são as três coisas pelas quais seremos lembrados, veja se você ou seu pai (ou a maioria dos homens que você conhece) se enquadram nos padrões de comportamento a seguir:

- Não demonstro meu sofrimento.
- Nunca choro.
- Tenho dificuldade de expressar compaixão ou o que realmente sinto.
- Raramente faço um elogio.
- Não me sinto respeitado.
- Minha linguagem não inclui frases como: "Eu te amo, filho. Tenho muito orgulho de você."
- Converso com meus amigos sobre esportes como se este fosse o assunto mais importante do mundo. Mas os acontecimentos realmente significativos da minha vida ficam escondidos, guardados em algum lugar inacessível para meus filhos e até para mim mesmo.

Homens são seres silenciosos.

## O silêncio do homem

As coisas sobre as quais os homens não falam são algumas das mais importantes da vida. Elas dão pistas sobre o que nos faz sofrer, o que desejamos mas não conseguimos alcançar, o que amamos e o que tememos. Raramente as conversas masculinas são profundas ou íntimas. Talvez o mesmo aconteça entre as mulheres, mas observei que as coisas que os homens não comentam acabam se tornando seus segredos. Então os segredos se tornam medos e os medos se transformam no confinamento solitário que confundimos com o lar.

Ainda mais perturbador e prejudicial do que o distanciamento físico em relação à família é seu refúgio na mudez, sua descida para o submundo da insegurança, dos romances proibidos, do abatimento, do fracasso, da depressão e dos sonhos perdidos. Com o passar do tempo, o silêncio interior desenvolve uma voz de comando e tenta controlar sua vida.

---

As coisas sobre as quais os homens não falam são algumas das mais importantes da vida. Elas dão pistas sobre o que nos faz sofrer, o que desejamos mas não conseguimos alcançar, o que amamos e o que tememos.

---

O que fazemos em nossa vida não contradiz os seguintes provérbios: "Pois a boca fala do que está cheio o coração" (Matheus 12:34) e "Quem se isola busca interesses egoístas" (Provérbios 18:1). Podemos, então, deduzir que nossos irmãos que vivem em silêncio possuem o coração vazio e não têm nada a oferecer em uma conversa, nenhuma palavra para encorajar um amigo, um filho ou uma esposa? Nenhum elogio, nenhum agrado? Alguns de nós se fecham simplesmente porque ainda não encontraram sua voz, não sabem que os homens *têm* vozes que alguém quer escutar. No entanto, para outros, a causa do silêncio é mais profunda. Sabemos que, quando nosso coração está oprimido, não temos vontade de dizer absolutamente nada. O isolamento intencional, no entanto, raramente é benigno e, com o tempo, revela seus terríveis efeitos.

Nos momentos realmente importantes, muitos homens desaparecem. Trabalhamos quantas horas forem necessárias para sustentar nossa família, morreríamos por nossa mulher e nossos filhos e ficaríamos quarenta anos no emprego mais chato do mundo para provar que os amamos. E, de fato, nós os amamos, mas os anos de silêncio de nossos pais e de nosso próprio coração nos tornam vazios. Alguns jogam as mãos para o alto e desistem.

O fato de não termos nada a dizer é uma mentira que aceitamos a nosso respeito.

Justamente quando chegam ao estágio em que têm mais a oferecer aos outros, muitos homens iniciam a fase mais silenciosa de sua vida e acreditam que não têm mais o que compartilhar. Não poderiam estar mais enganados.

Descobri que, se conhecermos nosso próprio coração e formos sinceros acerca do que encontramos lá, conheceremos o coração de qualquer outro homem. Esta é a chave para aprendermos a nos abrir, a dar fim ao nosso silêncio e a entender nossos irmãos.

Sejamos realistas: os homens nunca falarão mais do que as mulheres – e nem há necessidade disso, na verdade –, mas descobrir a própria voz interior é uma das coisas mais significativas que podem acontecer a um homem, a sua mulher, a seus filhos e a seus amigos. Esse despertar da alma e da mente, essa redescoberta de sonhos perdidos, esse renascimento e cura de relacionamentos e esse fluxo renovado de vida e alegria não são apenas possíveis, mas imperativos – e estão ao seu alcance.

## Fatos tristes sobre os homens

Nas últimas décadas, a televisão, a cultura, os livros e a mídia transformaram os pais em alvos de piadas grosseiras e ridicularizações. Algumas características masculinas são realmente engraçadas, outras podem ser até bizarras, então não é necessário perder o senso de humor. Mas, quando os cônjuges traem seus votos, os pais abandonam suas famílias e os maridos se tornam mudos, é hora de os homens redescobrirem sua voz, seu coração, sua mente – sua alma.

O que significa ser homem? O que seu pai lhe disse sobre o que é ser homem, se é que alguma vez abordou este assunto? Que canção, que livro, que comercial de cerveja, que sermão define mais precisamente o homem de verdade? O que você disse, ou dirá, a seu filho? O que você ouviu sobre ser homem que não poderia ser dito sobre ser mulher? Seja bom, amável, devoto, forte, gentil e siga seus sonhos.

Está vendo o problema? Os homens não sabem ao certo o que é ser homem nem conversam a respeito. E se nós não sabemos, pode apostar que ninguém mais sabe.

Um amigo me disse recentemente: "Não é exagero afirmar que a condição dos homens é responsável pelo fato de o mundo estar esta bagunça." Observei homens que ocupavam posições de liderança nas empresas, na política, na mídia, no entretenimento, na igreja e na comunidade. Cresci ao lado de homens que eram, em sua maioria, trabalhadores comuns, que viviam de seus salários. Há um fio condutor que liga todos eles, independentemente de seu status, um núcleo comum que foi dilacerado ou desonrado. A maioria de nós está se escondendo – ou escondendo algo – e nossa reação-padrão quando alguém se aproxima da verdade é evitar falar a respeito. Isso lhe parece familiar?

Desde que Adão se esquivou de Deus no Jardim do Éden, a inclinação natural do homem é se esconder, mesmo quando não tem nada a ocultar. Então, você pode ter certeza de que vamos fazer isso quando tivermos um bom motivo. Faz parte do mundo. Está no nosso DNA. Fomos criados assim, faz parte de nós. Uma vez que começamos a nos omitir, a coisa mais fácil do mundo é continuar a fazê-lo. Logo, essa se torna uma hábil tática de sobrevivência neste mundo cruel.

Desde que Adão se esquivou de Deus no Jardim do Éden, a inclinação natural do homem é se esconder.

Seu valor como homem é imenso, apesar das dificuldades que você talvez esteja enfrentando. Se não há fé em seu coração para acreditar nisso agora, peça apoio a um amigo e deixe que ele o ajude a carregar seu fardo. Está na hora de parar de contar a si mesmo as velhas mentiras de sempre e começar a acreditar na verdade que vai libertá-lo. Lembre-se: você está em uma jornada, então vamos dar um passo de cada vez.

## O caminho para se tornar um homem

Tornar-se um homem é uma odisseia. É uma jornada que requer coragem, honra e dignidade, e que não pode ser cumprida sem dor e esforço. Não existe uma fórmula milagrosa que faz com que um menino se torne homem, ou uma idade exata em que isso acontece, mas a maneira como um rapaz lida com seu sofrimento é a chave para encontrar a porta de entrada da masculinidade.

Atingir essa etapa de amadurecimento é como andar por um terreno desconhecido. Ao longo do caminho há abrigos e marcos deixados por homens que passaram por lá antes de você; o problema é que eles não traçaram um mapa de como chegar ao próximo estágio.

Não muito tarde tive certeza de que alcancei um nível de maturidade que me faltava na juventude. Acho que daqui a 20 anos olharei para os dias de hoje e pensarei: "Aquele jovem acreditava que sabia algo sobre a masculinidade, mas veja o que ele aprendeu nas duas décadas seguintes."

Não posso dizer quando foi exatamente que me tornei homem. Mas sei que não foi em nenhum dia específico e certamente não foi no momento em que entreguei meu corpo a uma mulher. Os homens que usam o sexo para definir sua masculinidade beiram a loucura, assim como as mulheres que usam-no para marcar sua condição feminina. O fato de gerar uma prole não faz do alce um touro. Ele é macho por causa de seus atributos nativos, de seu gênero. Ao contrário do que acontece no reino animal, a nossa jornada é física e espiritual e, por isso, não precisamos procriar para nos tornar homens. Essa combinação dinâmica constitui o mistério da masculinidade e da existência humana. Mas há boas notícias. Um homem vale mais do que a capacidade de seu corpo de realizar suas fantasias. É mais do que a soma de seus fracassos.

Deus coloca à sua frente as questões mais importantes da vida. Você precisará fazer escolhas que definirão que tipo de homem vai ser. Você tem opções. Mas não está em suas mãos decidir a natureza da dor que encontrará pelo caminho. Boas escolhas podem até aliviar o sofrimento, mas nenhum homem pode evitar a dor.

Se você for um homem de verdade, será honesto. Caso contrário, será indigno, incompleto e terá o coração endurecido. Mas a escolha é sua. Você pode ser falso ou verdadeiro. Pode ser duro, irritadiço e grosseiro ou então forte, gentil e sincero. Você tem a escolha de ser autêntico, participativo e presente ou falso, egoísta e distante. Você pode ter coragem diante do perigo ou se encolher de medo. Está em suas mãos decidir se quer ou não ser uma pessoa digna e honrada.

Se você é como os outros homens (e garanto que é), durante seu processo de amadurecimento irá se descobrir forte e corajoso em uma situação e temeroso e frágil em outra. Não tenha medo de se perguntar que parte da sua masculinidade está completamente formada e o que ainda precisa desenvolver para se tornar quem você realmente é.

Em sua brilhante releitura do mito grego de Eros e Psiquê, C.S. Lewis escreveu que só podemos encarar a verdade "quando temos rosto". Um homem de verdade tem um rosto de verdade, e desvendá-lo é essencial. Também é *intencional.* Acenda uma fogueira com seus irmãos, identifique suas máscaras – seu falso eu – e depois atire-as às chamas.

Portanto, a masculinidade diz respeito, antes de tudo, à autenticidade, pois Deus incita os homens a serem sinceros e a estarem vivos na presença dos outros, inclusive de sua mulher ou namorada. Isso significa estar alerta e inteiramente disponível para seu pai e sua mãe, para seus filhos, seu empregador, seus irmãos e também para aquelas pessoas cujo vazio interior drena a vida no seu ambiente de trabalho ou na igreja.

A conquista da masculinidade também tem a ver com a adoção de uma vida confessional, em que você reconhece que "quando sou fraco é que sou forte" (2 Coríntios 12:10), desde que não o faça para que os outros pensem que está amenizando uma fraqueza ou escondendo uma falha de caráter. Pelo contrário, a vida confessional permite que suas fraquezas se tornem visíveis. De que outra maneira os demais conhecerão sua verdadeira força? Assim como a alegria não é possível se não existir a tristeza, você só poderá vivenciar sua força quando sua fraqueza não for mais um segredo. Você deve admitir seus fracassos primeiramente para si mesmo, depois para Deus e, em seguida, para as pessoas que o amam. Elas já os conhecem. Deus certamente também.

---

Assim como a alegria não é possível se não existir a tristeza, você só poderá vivenciar sua força quando sua fraqueza não for mais um segredo.

---

Não se torne um homem invisível dentro de casa, aquele que sua família gostaria de conhecer, aquele que nunca disse "Eu te amo", aquela pessoa que está ausente mesmo sentada ao nosso lado. Se você já é este homem, ainda pode pedir a misericórdia de Deus. O nome dessa misericórdia é amizade. Se você tem muito a revelar e confessar em decorrência de tantos anos de reclusão, procure um pastor ou um terapeuta. Evite despejar todos os seus problemas em cima de sua esposa ou de seus filhos, mas encontre uma maneira saudável de se comunicar com eles.

A vida acontece em etapas e nem todas as características de hombridade estão presentes em cada uma delas.

A certa altura, aprendemos a dizer o que pensamos sobre assuntos de que não gostamos de falar. Ser homem, nessa etapa, significa puxar conversa com os amigos sobre assuntos relevantes, significa ser o provedor, o defensor e o líder espiritual de sua família e daqueles que precisam de orientação. Significa ter o privilégio de praticar a bondade, de servir, de doar sua vida a fim de recebê-la e de fornecer identidade, força e caráter para seus familiares. Um homem tem a honra de ser um guardião da sabedoria e do bom senso, promovendo a visão de que Deus é um abrigo contra as mentiras do mundo.

Embora não seja possível enxergar isso na maioria dos homens, você tem a capacidade intrínseca de entender as necessidades emocionais e espirituais de sua mulher, de seus filhos, de seus sócios e amigos. Você é singular, um homem único que pode ser um bom pai e um bom marido. Você tem a oportunidade e a responsabilidade de fortalecer sua família e seu círculo de amigos, fazendo o possível para protegê-los dos perigos físicos, emocionais e espirituais.

## A ousadia de Deus

Tente entregar tudo a Ele. Ouse abrir os braços perante o Deus único e dizer: "Senhor, tire das minhas mãos o que não lhe agrada e ponha sobre elas apenas aquilo que é agradável aos seus olhos. Faça o que for preciso para harmonizar minha vida com o desígnio original." Estas são as orações da masculinidade genuína. Você não vai ficar decepcionado, eu lhe garanto.

Em certa medida, é verdade que você concede a masculinidade a seu filho deixando que ele saiba, ouça e vivencie seu profundo amor por ele. É preciso deixar de lado o desejo de que ele seja perfeito, tenha um ótimo desempenho e perca hábitos ruins para que tenha a chance de provar seu amor. Embora você vá fazer isso por seu filho, um dia ele também terá de se curvar perante Deus se quiser descobrir sua própria identidade e completar sua masculinidade. É Ele que completa em nós o que nossos pais começaram ou deixaram incompleto, o que não pudemos fazer por nós mesmos.

Até os que vivem sem a presença paterna - aqueles cujos pais os abandonaram ou morreram ou são incapazes de demonstrar seu amor - podem ter a certeza de que Deus os receberá e lhes concederá tudo aquilo que não lhes foi dado por seu pai terreno. Uma das últimas promessas de Jesus antes de ascender ao céu foi a seguinte: "Não os deixarei órfãos" (João 14:18).

A masculinidade é o processo de se tornar quem Deus diz que você é. E, ao se tornar verdadeiro, você será libertado. Meu filho me disse certa vez: "A verdade é suficiente." Ele está a caminho de completar sua masculinidade e, apesar de ser 20 anos mais velho do que ele, eu também estou. A verdade *é* suficiente. Ela ainda nos liberta.

A masculinidade é o processo de se tornar quem Deus diz que você é. E, ao se tornar verdadeiro, você será libertado.

Então, irmãos, unam-se a mim nessa busca pela cura e pela alegria. Pronunciem-se. Levantem-se. Saiam da poltrona. Rejeitem a tentação de se calar e se esconder. Este pode ser nosso movimento de resistência, nossa rebelião gentil, mas sagrada, contra o status quo, contra nossas falsas identidades, contra a caricatura que fizeram de nós. Seremos idealizadores de um novo dia para os homens, de um novo caminho para nossa família e para toda a humanidade, e de uma jornada saudável rumo ao nosso destino. Sabemos que se trata de uma travessia difícil, que mudar o mundo transformando um homem de cada vez pode parecer impossível, mas, se não valesse a pena, não caberia aos homens realizá-la.

## CAPÍTULO 2

# O clima está bom, mas eu estou um pouco confuso

Entregar minha filha Jenny ao noivo foi o que me fez despertar. Fiquei me perguntando: se meus amigos e eu não falávamos sobre esse difícil momento, sobre o que *não* conversávamos?

O que alguns homens não dizem é mais revelador do que suas palavras. Certa vez, uma produtora de TV me disse que gasta boa parte de seu tempo e energia ajudando o marido a fazer amigos, pois ele não consegue estabelecer uma relação de intimidade com ninguém. A verdade é que muitos de nós não temos amigos íntimos e não fazemos ideia de como conseguir um. Temos vergonha das coisas que escondemos e nos sentimos inseguros a respeito de quem somos. Talvez tenhamos companheiros que carregarão nosso caixão quando morrermos, colegas com quem bebemos cerveja no fim de semana ou que nos cumprimentam alegremente na igreja ou no escritório, mas não temos ninguém com quem nos abrir sobre algo importante.

As conversas entre os homens muitas vezes começam e terminam com "Esse tempo está maluco", "Que vergonha o seu time, hein?" e "Como estão as coisas no trabalho?". Está na hora de começarmos a falar sobre outras coisas, de forma que possamos descobrir nossa identidade, renovar nosso coração e iniciar uma amizade verdadeira. Uma vez ouvi um rapaz dizer no funeral do pai que as melhores conversas que eles tiveram foram sobre esporte. Tive vontade de derramar as lágrimas por ele.

Uma conversa sobre futebol cria uma amizade superficial entre homens que gostam da emoção do jogo e admiram um bom desempenho atlético. Graças a algum truque da mente, esse assunto também gera um comportamento competitivo dentro de limites sociais aceitáveis, afastando o homem de si mesmo e de seu vazio interior por algum tempo. Estou me referindo à regra, e não às exceções; falo de discussões excessivas sobre esporte, e não do bate-papo ocasional sobre seu time do coração.

Quando um homem que mede sua importância pelo seu desempenho profissional encontra alguém que fale muito sobre trabalho, recebe informações suficientes para continuar a conversa. Essas conversas falsas, como correntes incessantes de um córrego lamacento, não são as águas profundas da alma de um homem. São pântanos sociais. Não sei por que milhões de homens estão dispostos a passar pela vida nessa monotonia mortal. Mas, quando o espírito de um homem está morto, há conversas mais interessantes nos cemitérios, na solidão dos mortos.

Qual é, então, o problema dos homens?

Bem, no coração dos homens há uma grande quantidade de insegurança, segredo e tristeza. E silêncio – normalmente causado por vergonha. Essa realidade permeia todas as classes sociais, religiões e etnias. Somos consumidos por nós mesmos enquanto os vampiros que criamos drenam nosso sangue. Como nos Salmos, dizemos: "Minhas forças foram-se esgotando como em tempo de seca" (Salmos 32:4).

Veja o exemplo do meu amigo Allen, cujo colega de trabalho bateu na namorada porque ela o havia "desrespeitado". Quando Allen perguntou o que a mulher fizera para desrespeitá-lo, o homem respondeu que ela tinha saído para jantar com outro sujeito. O problema era que ele estava tendo um caso com outras três mulheres, mas considerou um desrespeito o fato de a namorada estar jantando com outro homem. Como escreveu Stephen King: "As infidelidades dele não são uma justificativa para as dela."

Isso é ruim e bastante comum entre pessoas sem caráter. Um colega meu mentiu para a esposa dizendo que sempre chegava tarde do trabalho porque tinha muitas reuniões. Mas, na verdade, ele estava envolvido com prostituição e pornografia. Ele, que já fora um homem respeitado na comunidade, hoje vive sozinho, longe da família e dos amigos, esperando a morte.

Então, além dos segredos relacionados às nossas fantasias, qual é o problema dos homens?

Certamente um livro dedicado a estimular a conversa entre os homens e as pessoas que os amam não vai curar vícios que precisam de ajuda profissional, mas pelo menos é um primeiro passo. Temos um apetite quase insaciável por sexo e precisamos encontrar o equilíbrio entre o que é saudável e o que é perversão. Nossos pecados nos perseguem como cães de caça, farejando nosso rastro e latindo insistentemente até que alguém venha descobrir o que há de errado.

A nova geração de homens carrega o pesado fardo de observar seus pais isolados e sem amigos, traindo seus ideais e seu caráter à medida que a máscara que criaram para si mesmos desmorona. Pior ainda: esses jovens estão nutrindo uma raiva crescente porque, graças ao amor que sentem por seus filhos, conseguem compreender o profundo prejuízo acarretado pelo silêncio e pelo desinteresse de seus pais. A perplexidade inicial é substituída por essa raiva enquanto vão adquirindo experiências de vida. A desilusão dos homens que descobrem que são mais maduros do que seus pais na área dos relacionamentos traz consigo a compreensão de que eles agora estão não apenas criando os filhos, mas também orientando seus pais.

A intensa força do silêncio masculino está ligada a essa tendência perturbadora. Acredito que, se não despertarmos e percebermos o tipo de relações que estamos aceitando como normais, o distanciamento entre pais e filhos, homens e mulheres e até entre os próprios homens se tornará crônico e produzirá uma sociedade ainda mais alheia ao próximo. O ódio tem o poder de nos transformar exatamente naquilo que odiamos.

Os sociólogos questionam a relação entre a tecnologia e o isolamento. Combine o poder dos vícios tecnológicos ou sexuais à grande quantidade de homens que não se pronunciam, que não admitem sua participação negativa na vida dos filhos, e você irá se deparar com uma das transformações sociais mais obscuras dos nossos dias.

Daqui a 20 anos, quando observarmos a piora na dinâmica do relacionamento entre os homens, talvez ainda tenhamos tempo de frear esse processo, mas, neste momento, ninguém parece disposto a pensar nas consequências. Os efeitos da vergonha, a não ser que a alma seja curada, nunca desaparecem da vida de um homem e fornecem a matriz para a destruição contínua dentro dele. Os segredos causados pela vergonha destroem não apenas nossa imagem, mas também nossa identidade. É o que leva as pessoas a pensarem de seus amigos coisas como: "Gosto do Jack, mas há algo errado nele e não consigo identificar o que é."

Quando um homem tem algo a esconder, a primeira coisa que ele tenta controlar é o dinheiro. O medo é assim. Então, este é o meu conselho: se é você quem administra as finanças na sua casa, certifique-se de que sua mulher saiba como o dinheiro está sendo gasto. Se você deseja que Deus o abençoe, seja generoso com sua mulher e faça de tudo para agradá-la. Seja honesto em relação à fatura do cartão de crédito e aos extratos bancários. Nada de segredos. Mantenha o relacionamento aberto e o rastro do dinheiro visível, pois a maioria dos pecados custa caro – e os vícios geram pobreza.

Todavia, este não é mais um livro sobre fantasiais sexuais, vícios ou comportamentos que transformam os homens em monstros. É uma declaração de guerra contra a superficialidade e contra aquilo que torna os homens medíocres. Meu objetivo é ajudá-lo a encontrar sua voz e renovar seu coração, a descobrir uma linguagem capaz de expressar o que você pensa e o que é realmente importante para você. Como escreveu Salomão, "Acima de tudo, guarde o seu coração, pois dele depende toda a sua vida" (Provérbios, 4:23).

Mas como?

## Precisamos parar de fingir que não conhecemos uns aos outros

Temos o poder de fazer escolhas que podem nos destruir, portanto precisamos promover um novo entendimento entre os homens a partir da ideia de que, quando nos conhecemos a fundo, passamos a conhecer também todos os outros homens. Cada um de nós cria a própria fórmula para acrescentar sofrimento à sua vida, mas os ingredientes são sempre os mesmos e os resultados, previsíveis.

---

Quando nos conhecemos a fundo, passamos a conhecer também todos os outros homens.

---

A amizade profunda entre os homens quase não existe mais. Os homens estão sendo consumidos por rotinas estressantes e gastando seu tempo com bate-papos superficiais. A lacuna deixada pela amizade e pelas conversas saudáveis foi preenchida pelo ritmo frenético da vida moderna, pela facilidade de acesso ao mundo viciante da diversão e do entretenimento. Podemos passar meses sem ler um livro, sem ter um momento de reflexão silenciosa, sem ter um pensamento original ou uma única conversa que valha a pena.

Ponha a culpa no que você quiser: no seu pai, que nunca teve um diálogo com você; nas regras tolas impostas pela igreja; na mudança da arquitetura, que, ao construir prédios, destruiu a convivência entre os vizinhos. Ou então assuma a responsabilidade por sua própria superficialidade.

A eficiência e o utilitarismo destruíram a beleza. Tudo o que é demais não é divertido. As igrejas perderam adeptos porque não nos preocupamos mais com celebração e amizade, mas com as aparências. As festas também perderam o sentido: as mulheres falam sobre outros homens e os homens, sobre outras mulheres. Conversamos sobre política, sexo, religião, filhos e esportes. Pode parecer exagero dizer isso, mas, em certa medida, o mundo está desmoronando por causa de festas e igrejas ruins. Porém ambas podem ser salvas por homens interessados em restabelecer relações verdadeiras.

A ideia de que não temos nada a dizer é falsa. Se não sabemos como conversar ou se não nos importamos suficientemente com os outros para criar uma comunicação significativa é outra questão. É muito fácil bater um papo animado com alguém, mesmo que seja uma pessoa que você tenha acabado de conhecer, mas, para alguns homens, ter uma conversa amigável pode ser uma das experiências mais constrangedoras da vida. Os temas masculinos fluem facilmente entre o mundano e o significativo, mudam do clima para a religião, da filosofia para a arte, do jogo para o trabalho, do humor para o amor, da tristeza para a raiva, da política para a economia – literalmente do sagrado para o insano. Esse tipo de conversa diminuiu com o fim dos bate-papos na calçada e foram substituídas por mensagens de texto e postagens no Twitter. Esse admirável mundo novo, em que "o otimismo levou ao pessimismo", como G. K. Chesterton observou, nos mantém preocupados demais para voltarmos a atenção às coisas que dão sentido à vida.

## Seu rosto conta a sua história

Não importa por que motivo seja, os homens geralmente se sentem inseguros a respeito de quem são e do que devem ser. Viver é descobrir sua identidade para existir plenamente na presença dos outros. Então, por que devemos depender da nossa profissão, do nosso grau de instrução, da nossa vida social ou das pessoas à nossa volta para definir nossa personalidade? Algumas das vozes que ouvimos são sinceras e astutas, porém mesmo elas podem nos levar a uma identidade que não representa nosso verdadeiro eu. Qualquer identidade forjada – exceto aquela que nos é dada pelo Criador – é falsa.

Se você aceita uma mentira a respeito de quem você é, como pode ter uma conversa sincera com alguém? É por isso que os homens falam tão fluentemente sobre o clima, o trabalho e os esportes e têm tão pouco a dizer sobre qualquer outra coisa. Encontrar nosso verdadeiro eu e o potencial da nossa masculinidade é uma das maiores aventuras na vida de um homem. É como uma brincadeira de esconde-esconde, mas precisamos estar vivos para celebrar o processo de busca. Temos que estar dispostos a nos vermos como realmente somos. Quando apresento minha falsa identidade a você, estou pedindo não apenas que acredite em uma mentira, mas que creia que essa imagem fantasiosa é um homem de verdade. Mas não é. Somos como crianças, traçando bonequinhos e dizendo: "Este sou eu, este é você e este aqui é o gato." Só que as crianças sabem a diferença entre desenhos e pessoas de verdade.

Quando eu era criança, minha mãe às vezes dizia que eu era seu "pequeno homem de negócios". Eu batia destemidamente à porta dos vizinhos para vender o pão caseiro que ela fazia ou as hortaliças que plantávamos no jardim. Gostava dos elogios e acreditava neles. Como desenvolvi uma aptidão para vendas desde cedo, foi fácil adotar "homem de negócios" como parte da minha identidade. Foram necessários apenas alguns anos de casamento para perceber que minha mulher e meus amigos – embora se importassem com o meu sucesso profissional – não estavam muito interessados em saber como foi meu dia no escritório. Tive a sorte de descobrir a tempo que minha carreira não era a minha identidade. Na verdade, meu trabalho não tem quase nada a ver com quem eu sou, com a maneira como alimento minha alma nem com a rocha sobre a qual alicerço minha vida. A fonte da minha identidade, assim como a sua, é algo bem mais profundo.

Qual a aparência de um homem que se conhece? É alguém por quem você se sente atraído não tanto por sua postura, mas principalmente por sua confiança; não só por seus títulos, mas por sua gentileza; não apenas por suas realizações, mas por tudo o que aprendeu com os próprios erros. Esses homens parecem bastante comuns até você olhar em seus olhos ou ver as marcas de seu rosto. Cada ruga contém uma lembrança, o DNA da sua alma, rastros de lágrimas, a ternura dos anos de sorrisos e de sabedoria. Esse é o homem que você pode se tornar. Seu rosto conta sua história. Seus olhos revelam seu coração.

Se você é um dos homens que não gostam do que veem no próprio rosto ou no coração, a boa notícia é que o final da sua história ainda não está escrito. Você pode passar todo o tempo que lhe resta escrevendo uma nova conclusão, acrescentando brilho aos seus olhos e alterando o final que seu rosto está delineando agora. As expressões faciais acompanham mudanças do coração, mas tudo o que é falso é desmascarado.

As mentiras, especialmente aquelas que eu acho que ninguém percebe, me impedem de ser quem eu sou. É estranho ser quem eu sou, mas ainda não ser totalmente eu. Quem deseja se tornar um homem de verdade e conhecer sua identidade certamente busca uma vida em que a falsidade esteja em declínio e a felicidade, em ascensão. Ele não é perfeito, mas seus pés estão apontados para a direção certa. Aquele que não está interessado nesta receita para uma existência significativa se reconhece na máxima bíblica: "O engano está no coração dos que maquinam o mal, mas a alegria está no meio dos que promovem a paz" (Provérbios 12:20). Maquinar o mal ou promover a paz? Engano ou alegria? A escolha é sua.

Quando chega à meia-idade, a maioria dos homens espera ter domínio sobre a vida. A dor que infligimos a nós mesmos na juventude, seja ela qual for, ficou para trás. Acreditamos que os homens entre 45 e 60 anos sejam bem resolvidos em relação a quase tudo e estejam imunes à própria estupidez, desfrutando seus sonhos e a segurança de um futuro belo e promissor. Nossos pais não nos alertaram sobre essa ilusão. Vi alguns sujeitos enlouquecerem por causa de uma estúpida crise de meia-idade, mas prometi a mim mesmo que aquilo nunca aconteceria comigo.

Os medos que acometem os homens nessa fase da vida são terríveis. Será que vou realizar meus sonhos? E quais eram mesmo meus sonhos? Por que meus filhos estão agindo assim? O que está acontecendo com meu corpo? Por que devo trabalhar tanto se minha família não reconhece meu esforço? Charles Spurgeon certa vez disse que a dor, o sofrimento e o pesar podem ser usados para afastar nossos pecados. Mas a verdade é que isso depende de cada homem e seu coração.

## Há algo de errado no paraíso

Fomos recebidos no século XXI por um acontecimento aterrador, o ataque terrorista de 11 de setembro de 2001, nos Estados Unidos. Esse e outros eventos terríveis nos lembraram de como podemos ser cruéis com nossos próprios irmãos. No dia em que as torres gêmeas caíram, nossos pensamentos ficaram expostos. O mundo ouviu os americanos formularem perguntas e respostas que revelaram nossa identidade. Queríamos saber quem havia nos ferido para que pudéssemos feri-los de volta. Apresentadores de TV questionavam se deveríamos perdoar. Uma nação pode perdoar outra? Uma nação pode perdoar um terrorista ou a violência é a única reação possível? Somos obrigados a perdoar? Nossas respostas deixaram claro que tendemos a perdoar apenas as pessoas boas que não tinham intenção de nos machucar. Perdoar os inimigos é bem diferente.

Refletindo a visão da maioria do povo, os congressistas americanos votaram a favor da guerra e da vingança. A justiça seria feita. Vi muitas pessoas importantes dizendo que, a menos que nos pedissem perdão, não tínhamos obrigação de perdoar. A comunidade cristã ficou confusa com isso. Por um lado, apoiamos o direito das nações de fazer guerra; por outro, acreditamos na palavra de Jesus, que declarou que os pacifistas serão abençoados. Gostando ou não, essas eram nossas opções, nosso teste no início do novo século, do novo milênio, a alvorada que esperávamos trazer um futuro melhor. Logo descobrimos que a guerra divide uma nação mais do que a discussão sobre perdoar ou não o inimigo.

Em outubro de 2006, um homem invadiu uma escola amish na Pensilvânia e atirou em dez meninas, matando cinco delas. Poucos dias depois, o jornal *Lancaster* publicou uma matéria sobre perdão, o estranho ensinamento cristão praticado pelos amish, afirmando que a comunidade mandara um recado para a esposa do atirador dizendo que perdoava o assassino e que não guardava ressentimento em relação a ela. Todos ficaram perplexos. Como podiam ter feito isso? Por causa desse gesto de bondade, muitas pessoas duvidaram que os amish tivessem consciência do que realmente acontecera àquelas meninas, mas essa postura desdenhosa e cínica se desfez quando a verdade foi revelada. Os amish deram uma lição a toda a nação americana. Eles estavam simplesmente seguindo o exemplo de Jesus, que, enquanto passava por sofrimentos terríveis, repetia as palavras: “Pai, perdoa-lhes, pois eles não sabem o que estão fazendo” (Lucas 23:34). O noticiário local comparou o conceito cristão de perdão aos preceitos de outras grandes religiões e entrevistou representantes de várias delas. Um muçulmano disse: "Não pedimos que os outros nos perdoem, mas rogamos a Alá que perdoe nossos pecados." Um judeu afirmou que "só Deus pode perdoar os pecados". Um hindu declarou: "Quando as pessoas morrem jovens, é porque há uma grande quantidade de carma ruim do qual precisam se livrar. Acreditamos que o assassino e as garotas tiveram alguma ligação em uma vida passada que precisava ser equacionada. Em vez de ficarmos horrorizados, devemos ficar felizes porque o carma foi resolvido."

Nas Escrituras, há uma longa história sobre a busca do perdão de Deus para nossos pecados, mas não há ênfase alguma em perdoar nosso *inimigo*. Os Salmos não mencionam o conceito nem uma vez sequer. Em vez disso, o foco principal da Bíblia está na exigência da justiça – olho por olho, dente por dente, vida por vida – e no perdão de Deus para nossos pecados, que são muitos. Cidades de refúgio ofereciam proteção e clemência para os culpados. No entanto, o jovem judeu de Nazaré incendiou o mundo com um novo ensinamento, segundo o qual aqueles que haviam sido perdoados por Deus deveriam estender aos outros a clemência e o conforto recebidos. E não só isso: Jesus afirmava que uma pessoa só pode esperar o perdão se estiver disposta a perdoar aqueles que a ofenderam. É um terrível paradoxo.

O homem que não perdoa tem outro problema: possui poucos amigos e quase todos são como ele. O fato de perdoar alguém que o feriu ou traiu não significa que você precisa se tornar amigo dessa pessoa – mas isso até pode ocorrer, pois um homem capaz de perdoar costuma atrair amigos. Sei que muita gente rejeita essa ideia. Graig, um irmão da minha igreja, riu quando eu lhe disse que ele deveria perdoar o homem que "roubou" sua mulher. Ele demorou muito para conseguir fazer isso, mas acabou se tornando uma nova pessoa, que sente verdadeira compaixão em relação aos problemas que acometeram seu "ladrão".

Jesus afirmava que uma pessoa só pode esperar o perdão se estiver disposta a perdoar aqueles que a ofenderam. É um terrível paradoxo.

O perdão é complexo e pode ser algo confuso, mas como diz a canção de Thad Cockrell: "O orgulho não nos levará ao lugar para o qual estamos nos dirigindo." Fixar-se no ressentimento é como estar preso numa daquelas rodas de hamster. O perdão faz a roda parar de girar, liberta a pessoa desse movimento enlouquecedor e lhe dá forças para amar aquele que a magoou.

O amor nos permite entender que aquele que nos magoou é menos homem do que foi criado para ser. Da mesma forma, nos faz ver que, se não somos capazes de perdoar nossos inimigos, também não seremos os homens que deveríamos ser. O perdão abre passagem tanto a quem perdoa quanto a quem precisa ser perdoado. Quando desculpamos atos de pessoas verdadeiramente ruins damos ainda mais sentido aos ensinamentos de Jesus.

A recusa em perdoar uma pessoa pelo que ela me roubou significa acreditar que Deus não tem nada para me dar em troca – nenhum outro amigo além daquele que se foi; nenhum outro grande contrato além daquele que a pessoa quebrou; nenhuma ideia criativa além daquela que o outro copiou. Perdoar, na verdade, significa reafirmar minha forte crença na bondade de Deus.

Você pode tentar perdoar e permanecer amargo, mas não vai conseguir. Pode tentar se agarrar à mágoa, mas isso é autodestrutivo e torturante. Pode tentar perdoar e mesmo assim exigir que o outro pague pelo que fez, mas isso é crueldade.

A boa notícia é que, em Jesus, você não precisa pagar pelos seus pecados.

Grave esse pensamento no fundo da sua alma.

## Uma vida digna de celebração

Deus, por ser inteligente e bondoso, não exige que as pessoas imperfeitas vivam em um mundo perfeito. Sua equação é a seguinte: pessoas imperfeitas em um mundo imperfeito.

É aí que ficamos confusos. Sabemos que deve haver algo melhor, mas não sabemos como chegar lá. Deus demora um pouco a nos dar o que queremos, então, tentamos conquistá-lo. O efeito de quando duas pessoas "perfeitas" lutam por uma vida "perfeita" em um mundo imperfeito é: alguém morrerá. Trata-se de uma fórmula perfeita para o suicídio emocional, espiritual e até mesmo físico. Se o que descrevi agora se enquadra no que você está fazendo com seu casamento ou com seus filhos, recomendo que pare. Nós *somos* imperfeitos, mas duas pessoas imperfeitas em um casamento imperfeito podem ter uma vida incrível juntas. Meu relacionamento com a minha esposa é um bom exemplo disso. O mesmo vale para qualquer tipo de relacionamento; quando acendemos as luzes da consciência de nossa imperfeição, tudo fica melhor.

A amizade – a amizade espiritual – é o alimento revigorante das relações saudáveis. Se não fosse por ela, ficaríamos presos em uma matriz na qual nossa missão se tornaria mais importante do que as pessoas que nos acompanham ao longo da jornada. Se a amizade não está no centro de nossos relacionamentos, nos tornamos orgulhosos e distantes, como o irmão mais velho em *A volta do filho pródigo* de Rembrandt, que está de pé acima da cena de arrependimento como alguém isolado e arrogante, e não como um integrante da família penitente. Quando as pessoas nos procuram para desabafar sobre seus problemas, achamos que temos de ser inteligentes ou espiritualizados, mas o que elas querem de verdade é que simplesmente estejamos ao lado delas. Deus pode resolver os problemas delas e talvez nós até possamos ajudar, mas estar presente para reconfortar, amar e escutar é a essência da amizade.

A amizade – a amizade espiritual – é o alimento revigorante das relações saudáveis.

Muitas pessoas fazem de tudo para evitar a amizade espiritual. A religião oferece soluções para seus problemas, mas, se eu for seu amigo, posso oferecer-lhe minha fraqueza. Em vez da perfeição, posso lhe dar a imperfeição. Juntos, podemos convidar Jesus a compartilhar nossa natureza e remodelar o que sobrou do caos em que nos tornamos.

A maioria de nós acredita que Deus é inteligente e bondoso, mas ele exige uma coisa para que possamos desfrutar sua graça e encontrar a paz: *Ele exige que vivamos.* Mesmo isso é uma escolha nossa, que fazemos ao aceitar nos sentarmos à sua mesa e partilhar de seu pão e vinho. Quando o aceitamos desta maneira, percebemos que outros pecadores também foram convidados a sentar-se ao seu lado e estão sorrindo. Quando Deus nos perdoa, ele nos convoca a ficar em sua presença. Quando perdoamos os outros, nós os convidamos a ficar em nossa presença. É assim que um homem passa do isolamento ao elo de irmandade e a uma mesa cheia de amigos. A renovação do espírito masculino depende disso. A imperfeição não importa quando Jesus está conosco.

## CAPÍTULO 3

# Esporte e história – entrando no reino de Deus

Homens amam esportes. Todos os anos, os americanos gastam cerca de 194 bilhões de dólares com entretenimento esportivo. Pegamos uma bola, inventamos 40 variações sobre o tema e as sofisticamos tanto que as pessoas pagam rios de dinheiro só para ver um time atormentando o outro.

Não sou um sujeito esportivo de acordo com os padrões atuais. Não havia centros de treinamento nem times organizados na minha época de escola, pois o desenvolvimento atlético das crianças não era prioridade na comunidade amish. Um professor do ensino fundamental me disse uma vez que eu ficava muito tempo parado no mesmo lugar e não tinha coordenação motora suficiente para jogar. Aprendi a andar entre fileiras de plantações de milho e esterco de vaca no gramado, o que não era exatamente a melhor preparação para competições esportivas.

Mesmo com essas desvantagens no início da vida, não deixei de participar de brincadeiras e jogos de todo tipo. Construíamos fortes entre o feno estocado no celeiro, montávamos em vacas, brincávamos de pique, lançamento de machadinhas, batalhas de ovos podres, corrida em carrinhos puxados por bodes, caçadas com estilingues e muitas outras coisas inventadas. Eu me divertia como todos os meninos devem fazer, portanto, no que diz respeito a brincadeiras e jogos, minha infância não deixou nada a desejar.

Para minha própria surpresa, acabei fazendo amizade com Ed, meu vizinho de porta, que era completamente louco por esportes. Até hoje, nunca conheci alguém como ele. Ed é capaz de citar estatísticas e nomes de jogadores de várias modalidades esportivas. Eu não sabia que ele conseguia falar de outro assunto até o dia em que descobri que ele trabalhava no banco onde eu tinha conta. Portanto, Ed continuar sendo um dos meus melhores amigos quase 30 anos depois é quase um milagre (talvez seja mesmo). Nossa amizade era improvável e, um dia, quando nos conhecíamos havia mais de 10 anos, Ed me disse que fui "o primeiro amigo que ele teve que não era fanático por esportes". Eu rebati dizendo que ele era "o primeiro amigo fanático por esportes que tive". Demos boas gargalhadas e rimos até hoje dessa combinação maluca.

Ainda não faço ideia do que dizer quando Ed entra em um de seus devaneios esportivos, mas aprendi que ele não espera que eu responda nada. Ele já me conhece e eu me divirto só de ouvir suas histórias. Há alguns anos, uma experiência de quase morte o transformou em um leitor voraz. Meu único medo é que uma experiência semelhante possa me transformar em um fanático por esportes! Tenho certeza de que nossa amizade é uma prova de que toda a vida é sagrada. Nascemos para nos complementar, cada um disponibilizando algo que falta ao outro. Nossa relação representa em pequena escala, mas de maneira precisa, que Deus não espera que os homens falem sobre assuntos espiritualmente profundos 24 horas por dia. Mas será que ele não gostaria de testemunhar uma troca de ideias mais equilibrada e um enriquecimento maior entre os homens? A fissura masculina por jogos – uma pista de que algo está faltando em nossas relações – talvez seja a consequência da falta de interesse pela espiritualidade.

Quando o principal combustível da vida de um homem é a competição com outros homens, ele se torna vítima de uma grande fraude. Viver em função da próxima partida, algo que muitos de nós fazem, não é vida. A Bíblia ensina: "Mas o homem nobre faz planos nobres, e graças aos seus feitos nobres permanece firme" (Isaías 32:8). Mas, em relação aos esportes, participamos como meros espectadores. O vigoroso espírito humano que vemos nos jogos está ausente de boa parte de nossa vida.

Diversões que tomam conta de toda uma sociedade apontam para problemas mais profundos e provavelmente preveem resultados mais significativos do que podemos compreender. As obsessões são proféticas. William Kilpatrick, ex-psicólogo do Boston College, chama o esporte de "centro emocional" do homem moderno. William P. Young, autor de *A cabana*, diz que a inclinação natural do homem é focar no trabalho e no seu desempenho, e não nos relacionamentos. O homem está ligado ao solo e à poeira da terra com os quais Deus o criou – seu "parentesco mais próximo", o foco instintivo de sua experiência de vida pós-Éden. Essa experiência de vida se baseia em luta e performance. Junte essas duas ideias e talvez você tenha uma explicação plausível de por que os homens são tão atraídos pela competição esportiva.

Então, essa confusão que fizemos, esse mundo estranho que criamos, no qual nossa história se confunde com a de nosso time, é a base dos problemas masculinos nos dias atuais. Até que ponto a identidade com o clube para o qual torcemos ou com a empresa em que trabalhamos contribui para a perda da voz dos homens? Você tem uma voz que os outros querem ouvir? Você entende sua própria identidade ou conhece com clareza os desígnios da sua vida? A perda dessas marcas de masculinidade gera solidão, fazendo com que a alma dos homens se torne inacessível para eles mesmos e para os outros.

Entre os sons solitários que ouço dos homens, estão os ecos das nossas próprias vozes torcendo por "heróis" temporários que perseguem sonhos em nosso lugar. Temporários porque eles nos trairão na próxima temporada, quando algum outro clube lhes oferecer mais dinheiro. E por que não deveriam fazer isso? Quando os jogadores não são bons o suficiente, nós os descartamos sem nem pensar muito a respeito. Eles são homens, são nossos irmãos e, depois do jogo, talvez sejam as criaturas mais tristes da sociedade. Você já foi demitido, ofendido ou xingado por um chefe cruel? É isso o que fazemos ao final de cada partida, em estádios espalhados ao redor do mundo.

Enquanto dura, o espírito coletivo da multidão de torcedores parece amizade e, por um momento, é – até o jogo acabar e descobrirmos que não temos mais o que dizer, a não ser sobre o próprio jogo. Não há nada de errado em conversar sobre esportes, mas se isso é *tudo* o que temos a dizer uns aos outros, estamos sozinhos novamente, somos sombras dos homens que acreditávamos ser. Não é exagero dizer que o aspecto unidimensional do entretenimento como espectador contribui para o nosso silêncio ou que os homens silenciosos "participam" do esporte da mesma forma como "participam" da igreja, sentados nos bancos, ouvindo como autômatos.

Não há nada de errado em conversar sobre esportes, mas se isso é *tudo* o que temos a dizer uns aos outros, estamos sozinhos novamente, somos sombras dos homens que acreditávamos ser.

## O que um garoto quer e um adulto precisa

Para um garoto, brincadeiras e histórias são as duas coisas mais importantes da vida – e ambas estão ligadas à sua identidade. Que criança nunca pediu ao pai: "Venha brincar comigo", "Leia uma história para mim" ou "Conte como eram as coisas quando você tinha a minha idade". Na infância, esse amor por brincadeiras e histórias é instintivo e alimenta o que celebramos a respeito da humanidade. É a maneira pela qual filhos e pais estabelecem uma ligação.

Quando um garoto tem um pai ausente ou silencioso, é mais difícil para ele descobrir sua masculinidade. Não é fácil para um rapaz encontrar a si mesmo. O equilíbrio saudável entre brincadeira e história, baseado na figura paterna presente, o ajuda em sua jornada. As narrativas do pai fazem o jovem aprender a criar e a contar sua própria história. Isso acontece porque essas narrativas oferecem um retrato vivo de seu caráter, sua ética, seu amor, sua capacidade de criar, seu desejo de servir e sua disposição para brincar. O pai é o mais importante ponto de referência que o filho pode ter em relação ao significado de palavras como *pai, homem* e *marido*. As histórias contadas pelos pais não são retratos da perfeição: em geral, elas são sinceras acerca de tristezas e alegrias, fracassos e sucessos. Mas, para se tornarem adultos saudáveis, os filhos não precisam de histórias perfeitas, mas da presença paterna ao pé da cama. Sem isso, os meninos são forçados a viajar por um longo caminho até descobrir a força e a ternura da masculinidade. Infelizmente, alguns nunca as descobrem.

---

Quando um garoto tem um pai ausente ou silencioso,
é mais difícil para ele descobrir sua masculinidade.

---

As necessidades dos adultos não são muito diferentes das dos garotos. Ambos desfrutam uma vida melhor quando brincadeira e história estão em equilíbrio. A brincadeira, o jogo, representa o lado mais leve da vida – o humor e a jovialidade, o fascínio por vitórias e a vontade de realizar o impossível. Representa a competição saudável, o senso de justiça, as conquistas individuais e o valor da equipe. O jogo reforça a suspeita de que *nem todos* os homens nascem iguais, de que nossas diferenças são importantes e benéficas para o bem comum.

Já a história revela nossa origem, a importância da nossa própria narrativa, os elementos singulares do nosso desígnio e o motivo pelo qual Deus nos criou. Ela comunica não apenas fatos sobre nós, mas a essência do que é ser homem e a noção inquestionável de que todos nós temos o mesmo valor. Brincadeira e história elevam nosso caráter. Juntas, nos dão profundidade, escrevem nossa jornada e criam aquilo que amamos.

A esta altura, você deve pensar que cresci em uma bolha cultural. E cresci mesmo. Era um mundo severo, mas bastante pequeno. Não tínhamos dinheiro para ter uma TV e, graças à quantidade de trabalho e de brincadeira necessários para transformar a fazenda em um lugar de paz e abundância, acho que nem teríamos tempo de ligá-la. Também havia um outro problema: ter uma televisão era pecado ou perda de tempo, o que, na vida da fazenda, significava a mesma coisa. Meus pais sempre diziam que a "diversão ao vivo" deles – os filhos – era melhor do que qualquer programa de televisão, e esse comentário fazia com que nos sentíssemos orgulhosos e seguros. Quando me casei, aos 28 anos de idade, minha esposa teve de me atualizar sobre os ícones da cultura que eu desconhecia. Ou seja, sobre as coisas que eu ignorava enquanto aprendia que a vida não deveria ser um purê global homogêneo e chato.

---

Brincadeira e história elevam nosso caráter.
Juntas, nos dão profundidade, escrevem nossa
jornada e criam aquilo que amamos.

---

As histórias eram nossa razão de viver – na hora de dormir, na escola no campo, quando, depois do almoço, os professores liam obras como *Uma pequena casa na campina* e outros clássicos. Ouvíamos histórias de mártires cristãos que eram parentes distantes, de tetravôs que fugiram depois da Guerra Civil Americana, do bisavô Glick, que insistiu que sua perna fosse amputada na mesa da cozinha para não precisar pagar a conta de um hospital. Ouvíamos histórias de pessoas que moravam em Nova York, de escravos e meeiros oprimidos no Sul, de incêndios em celeiros e de comunidades inteiras que ajudavam a reconstruir os celeiros incendiados. Testemunhávamos tudo isso com nossos olhos. Ouvíamos feitos lendários de grandes homens e amávamos as histórias das tardes de domingo, contadas por visitantes que chegavam de perto e de longe. As narrativas nos proporcionavam algo em que pensar, algo para almejar e com o que sonhar. Expandiam nossa visão do mundo, nos faziam imaginar para onde os aviões estavam indo e nos ofereciam muito o que questionar e admirar.

As obsessões populares, ao contrário das histórias, tendem a estreitar o horizonte dos homens. Alguém quer pensar se o fato de todas as pessoas na Terra terem exatamente as mesmas coisas vai ou não nos enriquecer? Ed, meu amigo bancário fanático por esportes que arriscaria a vida por mim sem pensar duas vezes, ainda não tem um telefone celular, e aposto que ele é o único vice-presidente executivo de um grande banco em qualquer lugar do mundo nessa condição. É assim que ele financia sua paixão por esportes. Para os homens que perderam, sepultaram ou ainda não descobriram o fio da sua vida, o esporte é uma metáfora na qual a competição na arena ou em campo representa sua maior conquista.

## As crianças e o reino de Deus

Deus atribui anjos da guarda a cada criança e Jesus repreendeu amigos que disseram às crianças que o deixassem em paz. A Bíblia diz que os adultos não podem entrar no reino dos céus a menos que se tornem crianças. Então, por que devemos crescer?

A porta da geladeira lá de casa está coberta de fotos de crianças. Aquelas carinhas lindas me lembram de como meu rosto deveria ser e de como meu coração se reflete nele. Quando vejo aqueles sorrisos confiantes, aqueles olhos expressivos e inocentes, fico fascinado pelas palavras de Jesus segundo as quais devemos nos tornar parecidos com as crianças se quisermos um lugar no reino de Deus. Ele não estava brincando, portanto precisamos procurar entender o que ele quis dizer e aceitar gentilmente a graça que ele nos oferece.

Recentemente, fiz uma nova amizade que espero que dure para toda a vida – esta e a próxima. O nome dela é Gracie e, quando nos conhecemos, ela tinha 8 anos. Minha mulher e eu estávamos jantando com os pais dela, Jimmy e Tina, que eram nossos amigos. De início, Gracie parecia apenas uma criança comum, ocupada com qualquer coisa que prende a atenção das crianças. Porém, lá pelo final da noite, ela se juntou à conversa dos adultos. Como era faladeira! Conversamos durante 45 minutos sobre vários assuntos: poesia, ciências, matemática, livros, seus escritores favoritos, seus sonhos, como venceu a eleição para representante de turma tendo se recusado a votar em si mesma porque, em caso de vitória, não ia significar tanto quanto o voto dos colegas. Ela perguntou sobre minha vida, meus filhos, meu trabalho, meus livros favoritos e do que gosto de fazer. Não sei se algum dia conheci uma pessoa mais curiosa do que Gracie. Em certo momento, ela me deu um bom conselho. Com um tom empolgado, disse: "Só você pode ser você mesmo e precisa aprender a fazer isso – e é o que você está fazendo." Ela falou da infância no passado e no futuro ao mesmo tempo. Contou sobre seus amigos e o que eles significavam para ela. Ainda tão novinha, ela me olhou nos olhos, percebendo as nuances, encaminhando a conversa, prendendo a atenção de um homem 50 anos mais velho do que ela.

No final da noite, Gracie se inclinou para mim e disse: "Foi uma conversa maravilhosa. Obrigada." E foi mesmo.

Todos nós podemos nos lembrar do maravilhamento e do assombro na infância, da descoberta da beleza e da confiança, da alegria do início de uma amizade antes da traição. Nós nos lembramos do copo de leite morno, do carinho que emanava dos biscoitos recém-assados na casa da vovó ou do fluxo constante de lágrimas quando a dor precisava de um toque de amor para ser curado e os erros precisavam ser consertados. É isso que Jesus quer no espírito de um homem adulto – a simplicidade, o espanto e os prazeres da infância, inclusive a satisfação dos biscoitos quentes e do leite morno associada à sabedoria e à perspicácia da masculinidade.

A lembrança da infância e nosso anseio por resgatar a pureza dessa fase da vida são os elementos que Deus usa no momento de nosso renascimento espiritual para que, inspirados pela fé de uma criança, possamos aprender lições que não poderíamos receber por meio das nossas experiências adultas. Assim, convidado a morar dentro de nós, Deus nos dá vida e nos convoca a sentarmos a seu lado em seu magnífico reino. A todos que o recebem em seu coração, ele confere o direito de se tornarem filhos de Deus.

## Celebrando o novo

"Tu me dás o teu escudo de vitória; tua mão direita me sustém; desces ao meu encontro para exaltar-me" (Salmos 18:35). Essas palavras propiciam aos homens uma meditação brilhante. São espetaculares em sua contradição. Conceitos opostos se unem em uma imagem multidimensional de masculinidade que falta em nossos pensamentos sobre Deus e aqueles que o seguem.

Alguma delicadeza dentro de você foi celebrada como grandiosidade, recompensada com uma promoção no trabalho ou ensinada por outros homens que descobriram a própria generosidade? Talvez você não acredite na gentileza de Deus, mas esta é uma das características que provam a presença dele em seu coração. Pense em como é raro ouvir falar dessa magnífica qualidade. As igrejas adoram comentar sobre a importância da coragem – e não estão erradas –, mas a coragem *não é uma prova da presença de Deus.* Jesus não pediu aos discípulos que fossem corajosos. Não exigiu que vivessem de acordo com tais regras. Em vez disso, aconselhou-os a se unirem a ele em celebração do pão e do vinho, a esperar o poder do Pai e a viver com a esperteza das serpentes e a inocência das pombas. Jesus, ao que parece, queria que os homens fossem fortes, sábios e gentis.

Desde os nossos primeiros momentos na Terra, aprendemos a competir, a defender e a reivindicar nossos direitos. Invejamos aqueles que conquistaram riqueza ou sucesso e sempre estamos prontos para maldizer o próximo sujeito a estabelecer um novo recorde. Mas os homens que mais *admiramos* e com os quais mais gostamos de passar nosso tempo têm muitas das seguintes qualidades: amor, alegria, tranquilidade, paciência, gentileza, bondade, fé e autocontrole. As diferenças entre os homens que invejamos e os que admiramos não são nem um pouco sutis.

Os espectadores passivos de esportes e de igrejas têm isso em comum: ambos põem o sucesso e o desempenho acima das outras qualidades. Será que este é outro exemplo do que Jesus queria dizer com "O Reino dos céus é tomado à força" (Mateus 11:12)? O reino de Deus não é como os reinos que criamos, e a chance de entrar nele não está condicionada a grandes feitos. Na casa de Deus, o desempenho dá lugar a uma disposição a receber, mas, como o ato de receber contraria nosso instinto original, muitos homens perdem os benefícios que Deus lhes reservou. A máxima "Não quero nada de ninguém" não vai funcionar quando você estiver necessitado, e certamente não é como Jesus descreveria a vida em seu reino.

No léxico da nossa vida, precisamos substituir palavras relativas a desempenho como *vencer, conquistar, alcançar* e *perder* por palavras vivificantes como *receber, aceitar, amar* e *celebrar*. A maneira como nossos pais espirituais nos convidam a participar da vida de Jesus demonstra o modo de vida prevalecente em seu reino: "Também dou a você o que recebi do Senhor." Um homem é libertado para a vida quando percebe que não pode dar algo que não recebeu e que a fonte da qual ele pode receber é ilimitada. Jesus incorporou em seus ensinamentos o conceito de fluxo contínuo de vida de Deus ao ensinar seus discípulos a rezarem: "Dá-nos hoje o nosso pão de cada dia" (Mateus 6:11).

Nossas histórias são dádivas que oferecemos para convidar os outros a estarem em nossa presença. Todo homem tem uma história que vale a pena ser contada, porém muitos não acreditam nisso e não entendem o benefício de transmiti-la aos filhos ou aos amigos. Temos de ajudar nossos irmãos silenciosos a apreciar a beleza singular que flui das narrativas de sua própria vida. O coração de nossos filhos é como um poço profundo, capaz de se manter puro e limpo por anos, muito depois de termos ido embora. Quando transmitimos nossas histórias a eles, a água de seus poços se torna doce e límpida.

Cabe a você decidir como contar sua história, mas tenho certeza de que, durante o processo, vai redescobrir passagens importantes da sua vida e amizades esquecidas. A maioria das crianças acredita que os adultos sabem se divertir, então converse com elas sobre os momentos divertidos da sua infância. Elas fazem as perguntas, você conta a história. Com o passar do tempo, talvez consigamos nos tornar homens que, como a pequena Gracie, falam da própria infância como se ela já tivesse passado e ainda estivesse por vir.

## CAPÍTULO 4

# A glória e a vergonha de pais e filhos

*"Em nossos pais, vislumbramos vocês."*
Oração de David Moberg

Como já mencionei antes, para descobrir o que é mais importante para um homem, descubra quais são as coisas sobre as quais ele não fala. Acredito que, apesar de os homens não conversarem sobre assuntos relevantes, eles estão dispostos a falar quando têm o respeito daqueles que se dispõem a escutar.

Isso ficou claro durante um encontro do pessoal do grupo Dinner and Conversation (Jantar e Conversa). Fundamos esse grupo quando meu amigo BJ me pediu que o ajudasse a organizar um jantar para oito jovens que iam visitá-lo. Há mais de 25 anos, BJ trabalha com homens de todas as idades e aprendeu a maneira certa de tocar nos assuntos sobre os quais eles desejam falar. As perguntas que fazemos nas reuniões do grupo vão desde "O que deixa você alegre?" até "Qual é sua maior necessidade nessa etapa da vida?". Naquela noite, depois do bate-papo durante o jantar, ele pediu que cada um de nós respondesse a uma pergunta simples: "Qual é a coisa mais surpreendente que já aconteceu com você?"

> Para descobrir o que é mais importante para um homem, descubra quais são as coisas sobre as quais ele não fala.

Pode parecer que não, mas homens de qualquer idade querem falar sobre isso. A conversa daquela noite mostrou que aqueles jovens – muitos dos quais haviam sido atletas na época da escola ou da faculdade – eram capazes de falar sobre outras coisas além de esportes. O encontro terminou deixando uma sensação de amizade e de que nunca teriam falado o que falaram se a pergunta certa não tivesse sido feita.

"Como era seu pai?", perguntei aos homens em um dos jantares seguintes. "Ajude-nos a conhecê-lo melhor falando sobre seu pai." Os participantes podem falar a noite toda sobre coisas que lhes interessam. Nessa noite, durante mais de três horas, sete homens falaram de seus pais. Este é um ponto sensível para nós – quem nosso pai é (ou era), o que ele fez, quais eram seus interesses, com quem ele mais se importava e que lembranças temos do seu amor. Peça a um homem que fale sobre seu pai na frente de outros homens que o respeitam e que estejam interessados em ouvi-lo e você vai descobrir os poços profundos da alma dele.

Falar sobre nossos pais expôs uma profunda saudade, um sentimento de inadequação e de tristeza. Cada um de nós expressou o desejo de conhecer melhor o próprio pai e de saber o que realmente era importante para ele, o que ele amava, como superava os momentos difíceis, o que achava de nós quando éramos jovens e que conselhos nos daria hoje.

De todos os presentes naquele jantar, três tinham pais que eram veteranos da Segunda Guerra Mundial. Dois deles nunca haviam falado daquela experiência, mas, quando morreram, seus filhos descobriram "uma caixa" contendo dois tesouros: cartas de amor e medalhas. Perguntamos aos filhos por que eles achavam que os pais nunca falavam sobre a guerra e um deles disse: “Meu pai era piloto e, no Dia D, sua missão foi jogar soldados aliados atrás das linhas inimigas para lutar. Naquele dia, dos 20 ou 30 homens em cada voo, apenas alguns chegavam vivos ao chão. Por que ele iria querer falar sobre isso? As únicas coisas que ele guardou até a morte foram aquelas medalhas e as cartas da minha mãe.”

Durante aquela conversa, descobrimos que tínhamos outras coisas em comum. Nossos pais, avós e bisavós eram homens severos. Falar sobre as características dos nossos pais naqueles encontros nos ajudou a entender por que eles eram tão silenciosos e por que tendemos a ficar calados a respeito das coisas que nos são mais caras. Alguns daqueles homens descobriram a clemência, outros não. Um pai cuidou da esposa que sofria de mal de Parkinson durante 36 anos. Isso é clemência, compaixão e amor.

Percebemos que havia mais do que conseguíamos enxergar em nossos pais e tivemos certeza de que há mais em nós do que conseguimos mostrar aos nossos filhos. A consciência de nossa incapacidade de nos mostrar aos nossos filhos nos ajudou a entender por que nossos pais não se mostraram para nós. Parte do motivo é a arrogante, porém benigna, negligência da juventude, que não se importa em enxergar aquilo que é fácil. Isso piora à medida que envelhecemos.

---

Peça a um homem que fale sobre seu pai na frente de outros homens que o respeitam e que estejam interessados em ouvi-lo e você vai descobrir os poços profundos da alma dele.

---

Como poderíamos saber que íamos querer descobrir mais sobre nossos pais, especialmente depois que eles morressem, que suas lembranças tivessem se dissipado ou que sua capacidade de se comunicar estivesse debilitada? A falha deles, e talvez a nossa, foi não ter transmitido por meio de palavras – faladas ou escritas – a virtude, as histórias, as experiências, as armadilhas e a sabedoria que poderiam nos ajudar a entender melhor a vida. Nossos pais raramente compartilhavam sentimentos, dúvidas e pensamentos íntimos e descobrimos que temos a mesma dificuldade.

Ainda assim, todos nós recebemos deles algo que prezamos profundamente. Apesar da distância entre nós e da falta de comunicação, recebemos deles parte da nossa essência, da nossa masculinidade, da nossa identidade e patrimônio. O pouco que nossos pais nos revelaram nos inspira por toda a vida, e o lampejo que um homem pode ver do Pai *celeste* o inspira para toda a eternidade.

## Admiração e anseio

O anseio por um pai é um desejo humano universal. Mesmo que seja totalmente negativo – desejar que nosso pai fosse de outra maneira, que mantivesse suas promessas, que não fosse tão duro com nossa mãe (faça sua própria lista) –, todos nós temos um anseio. São necessários anos de ausência e abuso para transformar esse desejo em apatia. Conheço vários homens que nunca ouviram o pai dizer coisas como "Eu te amo", "Tenho orgulho de você", mas o desejo de ouvir essas palavras nunca morre, independentemente de sua idade. Às vezes, a expressão mais forte dos anseios de um homem é seu silêncio, e é isso que, de geração em geração, transforma o mundo em um grande orfanato.

Somos como Adão depois de ter pecado no Éden. Ele ainda tinha um pai, mas foi privado de sua presença. Ele possuía a lembrança, mas perdeu a convivência e a comunicação com ele, que poderia tê-lo orientado durante o conflito com seus filhos, Caim e Abel.

Somos como Adão depois de ter pecado no Éden. Ele ainda tinha um pai, mas foi privado de sua presença.

A perda dos laços entre Adão e seu Pai criou em seus filhos o ciúme e a avareza que culminaram no primeiro fratricídio da história. Um foi acolhido por Deus, o outro, não. Ambos poderiam ter sido. Um fez um sacrifício a Deus; o outro, não. Um matou o irmão e ficou marcado para o resto da vida. A ação de um homem contra seus irmãos certamente marca toda a sua existência, assim como o marca aquilo que é feito contra ele. No entanto, um pai sábio poderia ter ajudado ambos os filhos a aceitarem Deus.

Os homens sentem algo que a maioria de nós não consegue descrever. Trata-se de uma sensação de responsabilidade em relação a algo que não podemos controlar, a algo que desconhecemos. Essa condição é descrita pelo professor Peter Bondanella como "*homo claudus* (homem manco), cujas feridas são o resultado do pecado original de Adão". Suspeitamos que nossos pais sabiam de algo que poderiam ter nos contado, mas que não contaram. Seja lá o que tenham nos ocultado, gostaríamos de conhecer.

O resultado é que não sabemos o que dizer aos nossos filhos. Não conseguimos explicar por que a vida é difícil e imprevisível. Sabemos pouco a respeito de como resolver conflitos pessoais de forma pacífica. Aprendemos a começar guerras, mas não a dar um fim a elas. Somos incapazes de amar nossa esposa como merecem. Aceitamos a responsabilidade da masculinidade, mas não sabemos o que fazer com ela. Somos Adão novamente.

Muitos de nossos pais são assim, e somos iguais a eles. Imitamos o que conhecemos. Construímos o que podemos conceber – e nada mais. Por saber disso, Deus nos ensina a imitar Jesus Cristo. Muitos homens, embora queiram ser como o próprio pai em alguns aspectos, decidiram *não* ser como ele ou como o Deus dele. Esses homens admiravam seu pai, mas ele não estava disponível, mesmo quando estava presente, para ajudá-los a descobrir como viver.

---

Suspeitamos que nossos pais sabiam algo que poderiam ter nos contado, mas que não contaram. Seja lá o que tenham nos ocultado, gostaríamos de conhecer.

---

Passamos a admirar mais nossos pais quando nos damos conta de nossos próprios esforços. Embora raramente saibamos como superar as dificuldades, veneramos nosso pai porque ele conseguiu vencê-las. Mas gostaríamos que ele tivesse nos ajudado a compreender isso. Salomão escreveu: "Pois o Senhor disciplina a quem ama, assim como o pai faz ao filho de quem deseja o bem" (Provérbios 3:12). Todo filho se pergunta se o silêncio não significa de alguma forma que o pai não o preza.

Eis o que sabemos a respeito de nossos pais: eles não dizem nada sobre suas fraquezas até que elas venham à tona. Com isso, os filhos entendem que fraquezas são coisas vergonhosas. Eles nos mostram apenas seus pontos fortes e, por isso, vemos somente metade dele. Nenhum homem que revela apenas suas qualidades está exibindo sua masculinidade por completo. Ele está apresentando aquilo que deseja que fosse verdade, o que espera se tornar um dia, mas isso é uma caricatura, e não a verdade. Por isso, fomos excluídos de boas conversas e sábios conselhos e agora lutamos para aprender o que deveria ter sido ensinado a nós na adolescência. O dito popular afirma que homem não chora – sabemos que não é verdade, mas se não vimos nosso pai derramar nenhuma lágrima, desenvolvemos uma noção distorcida da realidade. Um garoto não sabe pelo que vale a pena chorar. Ele conclui que poucas coisas se encaixam nessa categoria. A ideia de que o valor de um homem está ligado à sua força é poderosa, e gastamos muito tempo e energia mantendo a aparência de que somos fortes. Salomão escreve: "A beleza dos jovens está na sua força; a glória dos idosos, nos seus cabelos brancos" (Provérbios 20:29) – e em sua sabedoria, eu acho.

Fui um jovem forte, criado numa fazenda e nos bosques da Pensilvânia. Era durão, trabalhava sete dias por semana, de sol a sol, plantando e colhendo, produzindo laticínios, limpando os estábulos e o celeiro do gado, consertando cercas, reparando equipamento e administrando os negócios da família. Gostava de me sentir um homem vigoroso. Enquanto crescia, via que meu corpo mudava, mas o mesmo não acontecia com minhas ilusões. Então, no final de outubro de 2002, sofri duas graves quedas. Em ambas as ocasiões, todo meu peso caiu sobre meu ombro direito. Não quebrei nenhum osso, mas a lesão interna ainda me atormenta. Tive de encarar a fraqueza física pela primeira vez na vida.

Em 2 Coríntios 12:9 há um paradoxo difícil para um homem entender, mas bastante verdadeiro: a força de Jesus se torna perfeita em nossas fraquezas. Enquanto a presunção do jovem é sua força, o reconhecimento da fraqueza é a força do homem mais velho. Essa confissão é acompanhada de uma risada que brota do fundo de sua alma – a menos que esse homem tenha se tornado amargo e não tenha conseguido descobrir o riso ou a verdadeira linguagem da masculinidade. Cara a cara com a verdade, o homem deve abrir mão de sua ilusão em relação a si mesmo. Jesus a substitui pela verdade. Escondidos na fraqueza dos homens estão alguns de seus maiores tesouros.

Para atravessar os difíceis anos do envelhecimento, nos quais sua glória passa da força à sabedoria, um homem precisa viver experiências dolorosas e às vezes amargas. Foram necessárias duas quedas físicas e várias de outros tipos para que minha confissão de vida passasse de "Sou forte" para "Sou fraco, mas Deus é forte". Um jovem raramente sabe disso e, se ele não está preparado para os momentos de ruptura na vida, bem, esse é o ponto principal deste livro. Poucos homens migram de forma tranquila de uma condição para a outra, e alguns idosos sequer sabem explicar o que aconteceu com eles.

Porém, como eu disse antes, quanto mais um homem se conhece, mais ele conhece os outros homens. Quanto mais cedo um filho percebe as semelhanças entre seus esforços e os de seu pai – tenham sido eles verbalizados ou não –, mais cedo ele poderá fazer as pazes com seu passado, seu presente, seu futuro e seu pai, esteja ele vivo ou morto. Temos muito que aprender com eles e sobre eles. Embora talvez tenhamos muito a perdoar em nossos pais, eles também têm muito a perdoar em nós. Por meio do perdão, podemos receber aquilo de que realmente precisamos: cura, conforto, amor e um relacionamento mais verdadeiro com nosso pai e com outros homens, desde que eles estejam dispostos a mergulhar em suas próprias fraquezas para descobrir a alegria.

## Por trás de toda imagem física, há beleza espiritual

Os pecados que afligem pais e filhos são os mesmos, embora a expressão desses pecados talvez difira de uma pessoa para outra. Para identificar esses pecados, basta ler a Bíblia ou observar o comportamento dos homens em qualquer lugar do mundo. Analise os pensamentos que geram aquelas ações e você encontrará o significado. Ou poupe esse trabalho e anote seus próprios pensamentos durante um dia e você descobrirá o pouco que o separa dos outros. Os salões do poder, o cofre da contabilidade e os quartos do bordel fazem parte do mesmo prédio. De acordo com o Salmo 53, Deus olhou para os filhos do homem para ver se havia alguém que entendesse e buscasse Deus – mas não havia ninguém. No Êxodo 34:7, Deus disse a Moisés que lançaria os pecados dos pais sobre os filhos até a terceira e a quarta gerações se um homem e seus descendentes não se arrependessem de seus pecados e procurassem perdão e cura.

Alguns filhos se veem envolvidos em pecados e estilos de vida dos quais seus pais nunca participaram. O que começa como um fascínio curioso pelo mal se transforma em vício na geração seguinte. A ideia moderna de que tudo é culpa de outra pessoa é falsa, mas a noção de que os pecados são transmitidos de pais para filhos é bem verdadeira. Um homem pode fazer suas próprias escolhas, caminhar em direção à escuridão e perceber sozinho que se perdeu, ou pode fazer isso ao lado de amigos. Não importa como isso venha a acontecer, esse indivíduo tem uma propensão natural para fazê-lo.

Todos somos responsáveis por nossos pecados perante Deus e, ao cometê-los, aceitamos pagar seu preço. O pecado recompensa, mas sua moeda de troca é a morte, precedida por prazeres fugazes que tiram do homem o que ele necessita para viver. O Deuteronômio 7:10 descreve a reação de Deus diante dessa conduta: "Mas àqueles que o desprezam, retribuirá com destruição; ele não demora em retribuir àqueles que o desprezam."

Jesus nos dá uma nova visão da lógica e da verdade quando diz que o Pai não o mandou para julgar o mundo, mas que o mundo já estava condenado porque "quem não crê já está condenado, por não crer no Nome do Filho Unigênito de Deus" (João 3:18). A vergonha e o pecado condenam a si mesmos. Diante desta terrível notícia, no entanto, surge a magnífica promessa de Deus: "Saibam, portanto, que o Senhor, o seu Deus, é Deus; ele é o Deus fiel, que mantém a aliança e a bondade por mil gerações daqueles que o amam e obedecem aos seus mandamentos" (Deuteronômio 7:9).

O que é atraente no pecado é que ele não é estático, benigno, inerte. A menos que um homem entenda a natureza dinâmica da fera com a qual luta, perderá a batalha, a guerra e a vida. Nenhum homem que está lendo isto – exceto os muito ingênuos que acreditam ser capazes de dominar os dragões que ainda não encontraram – discordaria.

Tenho um relacionamento maravilhoso com meu pai, mas à custa de humildade e sinceridade, algo que a maioria dos filhos não oferece aos pais e muitos pais sonegam aos filhos. Com a permissão do meu pai, vou compartilhar a seguir uma parte de nossa história, que talvez o ajude a descobrir como curar seus relacionamentos.

Durante muito tempo, entre meus 20 e 30 anos, perdi meu rumo espiritual, me afastei da família e dos amigos. Todos aqueles que eu conhecia estavam buscando maneiras de aproveitar a vida de uma forma alinhada à fé cristã.

Depois de vários anos vivendo com um pé nas luzes brilhantes da cidade e outro na sombra da igreja, Deus capturou minha atenção. Eu era um ex-garoto de fazenda sem amigos, com muitas dívidas, 25 anos, caído na devassidão. Ainda assim, meus pecados me causaram muita vergonha e, mesmo depois de meu momento de arrependimento transformador, não estava disposto a falar a respeito. Além disso, não sabia como me abrir nem confiava em ninguém o suficiente para fazer isso.

A verdade estava apenas começando a entrar na minha vida, mas pelo menos aquele era um primeiro passo. Tinha medo de que meus pais percebessem aquilo tudo e sabia que o meu comportamento iria decepcionar minha mãe. O que meu pai iria pensar? Como ele lidaria com a desilusão que causei? Será que eu me recuperaria dessa dor? Então, ao encarar essas perguntas, fiz o que a maioria dos homens faz: fiquei em silêncio. Por quase 20 anos.

Nessa época, eu desconhecia totalmente o pesadelo pessoal do meu pai. Para mim, ele era quase perfeito. Mas a verdade é que um assunto o atormentava desde a adolescência. Ele estava louco para que Deus o ajudasse. Mais tarde ele me contou que suas preces eram súplicas por misericórdia, mas não falou com ninguém a respeito de seus esforços – nem com o pastor, nem com minha mãe, tampouco com um amigo ou com um de seus oito irmãos.

Ele estava sozinho e sabia disso. Apesar de talentoso, acreditava que só era qualificado para fazer os serviços mais humildes da igreja.

Aos 46 anos, ele teve um ataque cardíaco e ficou um mês no hospital. Um ano mais tarde, os médicos o autorizaram a retomar seu trabalho na fazenda. Ele estava plantando sementes de milho quando teve o segundo ataque, que o deixou no hospital por mais oito dias. Foi o fim de sua história como fazendeiro, mas Deus poupou sua vida e a devolveu para ele. Meu pai e eu acreditamos que os dois infartos, para os quais os médicos não encontraram nenhuma causa a não ser estresse, foram bênçãos disfarçadas. Deus estava respondendo às preces dele para se livrar do pecado que o afligia.

Várias décadas se passaram mas meu pai havia magoado alguém e isso ainda precisava ser resolvido. O pecado o encontrou. A pessoa que ele havia magoado, em um notável gesto de sabedoria e clemência, pediu que ele confessasse seus pecados. E ele o fez, transformando esse episódio em uma das experiências mais memoráveis da nossa vida em família. Junto com minha mãe, ele visitou os sete filhos em quatro estados e nos contou sua história, suas lutas e seu pecado. Ele tinha mais de 70 anos e Deus o libertou.

E não foi apenas isso. Ao libertá-lo, Deus permitiu que a confissão dele desse início a uma jornada que mudou completamente a minha vida. Não sei se eu teria tido coragem de mudar se ele tivesse permanecido em silêncio. Um ano mais tarde, estávamos juntos em sua picape e perguntei se podíamos conversar sobre aquele assunto. Imediatamente seus ombros caíram, seu queixo tocou o peito, seu rosto se encheu de pesar e dor. Falei: "Pai, um ano atrás você teve a coragem de confessar à família seus pecados. Agora eu gostaria de confessar os pecados da minha juventude." Acho que ele não poderia ter ficado mais surpreso. Ficamos sentados na velha picape e choramos como homens – lágrimas de verdade que transmitiam amor e tristeza de verdade. Isso era o que fluía de nossos corações, escorria por nossos rostos e desaguava no mar da misericórdia de Deus. Nosso relacionamento foi transformado.

Há passos simples que qualquer homem pode dar para encontrar a liberdade. Se você é pai e nunca disse a seus filhos que os ama, faça isso hoje. Faça isso todos os dias, independentemente da idade deles. Deixe que suas palavras e suas ações se unam em uma mensagem consistente, dia após dia. Se você precisa pedir desculpa por tê-los magoado, faça isso hoje. Seja específico. Diga que sente muito. Não deixe que pareça que a culpa foi deles, e não sua, e não fale coisas como "Lamento que você tenha se sentindo daquela maneira", que dão a impressão de que a responsabilidade é deles.

---

Se você é pai e nunca disse a seus filhos que os ama, faça isso hoje. Faça isso todos os dias, independentemente da idade deles.

---

Um dos conceitos menos explorados nos relacionamentos entre pais e filhos é o compartilhamento de fardos que eles não podem (nem devem) carregar sozinhos. Bons pais estão dispostos a carregar grandes fardos por seus filhos, e estes, quando sabem que são amados, fazem o mesmo.

Se você é filho e tem um pai que não consegue iniciar algo desse tipo, dê o primeiro passo. Pense na maneira como você o magoou ou desrespeitou e comece por aí. Se ele já morreu ou não mantém contato com você, converse com um amigo íntimo. Tenho certeza de que ele está passando, ou já passou, pela mesma situação. E você deve perdoar seu pai do fundo do coração se quiser ser perdoado pelo Pai celestial. Esta é a incontestável lei de Deus. O perdão é uma das coisas mais importantes que você pode vivenciar. Não há outra maneira de desfrutar plenamente o seu tempo na Terra. Confissão e perdão são as chaves para a vida, para encontrar a plenitude da masculinidade e para transformar a existência na aventura que Deus planejou para você.

## CAPÍTULO 5

# Nossa necessidade de ajuda

*"Quanto mais baixo na escala da criação, mais independente é o indivíduo."*
George MacDonald

É impressionante como um homem pode ser capaz de ficar na sarjeta e ainda assim manter seu orgulho intacto, relutante em pedir ajuda – especialmente o tipo de ajuda de que ele realmente precisa. A autossuficiência talvez seja a característica menos esperada em um ser humano que perdeu tudo, mas o orgulho é o último dos vícios a morrer. Sua ruína pode ser metafórica ou real, mas, se você está passando por ela, talvez este seja o momento ideal de pedir auxílio.

É triste, mas uma pessoa próxima tem maior probabilidade de nos magoar do que um estranho. Um genitor é a pessoa que tem mais chances de arruinar a vida de uma criança. Os melhores amigos e os sócios de um homem são as pessoas mais propensas a traí-lo numa transação comercial. No cerne dessas relações deturpadas estão a arrogância e a ignorância. Pedir ajuda ou perdão parece algo distante demais da realidade atual. Um pai se recusa a admitir que estava equivocado e o filho aprende que nunca deve reconhecer seus próprios erros. Um homem magoa seu irmão, mas não consegue abordá-lo com sinceridade para pedir desculpas pois não sabe se será bem recebido.

Os homens devem aprender a se aproximar dos outros com um espírito forte, mas gentil. Deveriam aprender isso com os pais ou com homens mais velhos quando os pais estão ausentes. Sem um compromisso com a sinceridade e a boa vontade, a amizade acaba, a relação comercial se dissolve e os homens se distanciam e se tornam isolados ou amargos, decididos a nunca mais serem magoados novamente. Transfira isso para o contexto do casamento e entenda por que o homem pode esperar que a doce amada da juventude amaldiçoe o dia em que disse "Sim".

Como muitos outros homens talentosos, o escritor americano Ernest Hemingway descobriu dentro de si uma poderosa força: a busca para transmitir e manter a imagem de um homem admirado pelos homens. Seus biógrafos podem indicar com mais precisão os elementos de sua formação como escritor e sua jornada da infância à maturidade, mas acho que sua vida adulta foi uma busca por um significado espiritual. E, de alguma forma, se parece com a vida da maioria dos homens.

A vida e a obra de Hemingway definem um homem que está travando uma luta. Ele era escritor, caçador, amante, lutador e conhecedor da vida. Os temas dominantes em seus livros eram homens domando a natureza, confrontando Deus, triunfando sobre os outros homens, lutando contra a morte, conquistando e controlando o próprio destino. Ele tinha uma alma deprimida, assombrada por sua própria depressão.

Na obra de Hemingway, encontramos a beleza visceral, a sinceridade crua entalhada pela angústia, a genialidade obscurecida pela cegueira, a noção do homem como senhor do seu destino, mas prisioneiro de suas limitações. Ele deixa o leitor faminto e sem esperança, uma consequência de seu próprio apetite e desespero. Por conseguinte, ele e outros escritores contribuíram para firmar alguns conceitos ligados à masculinidade no século XX: o refinamento da arte do tédio, a valorização exacerbada das conquistas pessoais e o renascimento do individualismo. Ele celebrou o ideal do homem como uma ilha voltada para si mesma, mas talvez, involuntariamente, também tenha pulverizado esse ideal com sua hábil escrita.

Hemingway oferece o melhor que o homem pode conquistar sozinho. Ele venceu batalhas, mas nunca uma guerra. Seu prazer nos relacionamentos era seguido de fragmentação e deserção. Aventuras sexuais inconsequentes deixavam um vazio duradouro. Em suas conquistas físicas, nem o lutador nem o caçador ficavam satisfeitos. O escritor John Steinbeck relatou, a respeito do suicídio de Hemingway, em 1961: "Fiquei chocado. Ele escrevia sobre um único tema: um homem luta contra as forças do mundo, chamadas de destino, e as enfrenta com coragem..."

## Isso é tudo?

Hemingway não foi criado por Deus para se tornar o bode expiatório dos moralistas. Sua vida e seus escritos apresentam uma crônica valiosa que é, até certo ponto, uma documentação da alma de todo homem que se propõe a viver nos limites da autossuficiência. Talvez ele tenha documentado sua própria vida. E talvez o suicídio espiritual e emocional possa criar resultados tão devastadores quanto o suicídio físico para as pessoas próximas a você.

Vivemos em um mundo em que a importância e o significado se tornaram direitos civis. Ganhamos essa certeza desde muito cedo. Mesmo durante o sono, um rapaz pode ouvir o mantra repetido pelos pais: "Estude bastante para tirar notas altas, entrar para uma boa universidade, se formar e conseguir um trabalho digno." E é o que ele faz. Se forma na faculdade, arranja um emprego, compra um carro, aluga um apartamento. Ele paga o aluguel e as prestações do carro, se diverte no fim de semana e em qualquer noite em que haja uma festa. Mantém essa rotina por dois ou três meses, talvez um ano, até se fazer a terrível pergunta que ele achava que jamais faria: "Isso é tudo?" Esta é a mesma pergunta assustadora feita por milhões de homens no final da vida, por vários atletas depois de suas maiores conquistas ou durante o silêncio que se segue à algazarra da multidão no último jogo.

Esse questionamento pode representar o início da morte de um jovem. Trabalhar muito para pagar as dívidas do financiamento estudantil ou de uma vida frívola – ou de ambos –, ou trabalhar muito para sustentar uma esposa jovem e bonita, ou trabalhar muito simplesmente porque é isso que os homens fazem, porque isso satisfaz uma necessidade primária que os homens têm de prover a família. Esse é o período em que a maioria dos homens para de conversar sobre as coisas que os perturbam (se já não pararam antes). Quem tem tempo e energia, depois de um longo dia de trabalho, para falar de assuntos importantes, ou simplesmente para falar? Só temos tempo suficiente no fim de semana para ir a um jogo, lavar o carro, jantar com a família e os amigos, talvez ir à igreja, dormir até mais tarde, ligar o computador ou dar uma olhada rápida nos programas de TV. Como se fosse um sonho, o fim de semana acaba e voltamos ao trabalho.

Os anos passam rapidamente e, para muitos homens, a vida logo começa a se resumir a ter um bom desempenho, a não fracassar no trabalho ou a não destruir mais um relacionamento significativo. Dizemos a nós mesmos que vamos resolver tudo isso, mas não tocamos no assunto.

Recentemente conversei com um jovem amigo meu, um sujeito muito animado, e ele me contou que, depois de seis meses em seu primeiro emprego após sair da faculdade, achava inacreditável o contato superficial que tinha com outros homens. Multiplique aquele período de seis meses por 80 ou 100 e você verá toda a vida profissional de um homem. Pergunte aos mais velhos como eles conseguiram continuar trabalhando ano após ano e a maioria dirá: "Não sei. Fiz o que tinha de fazer. Acho que nunca pensei a respeito."

Mas o que acontece quando você começa a refletir sobre essas questões? O que acontece se você estiver consciente? O que acontece se você não estiver disposto a morrer emocional e espiritualmente, como os outros homens? Ou se não estiver disposto a beber até esquecer? Ou a se divorciar de sua esposa? Ou a se entregar a vícios? Ou a fingir que é a única pessoa inteligente o bastante para evitar a dor? Ou se não estiver interessado em viver sem a companhia de seus irmãos?

E quanto a você? O que faz quando todas as coisas ruins estão começando a acontecer em sua vida? Como para esse trem desgovernado? Justo no momento em que você se achava suficientemente esperto para julgar os outros, descobre que suas próprias palavras e ações podem condená-lo.

Então, bem-vindo ao mundo silencioso dos homens – um mundo de apetites insaciáveis guiados por sonhos perdidos, decepções, fracassos e outras coisas sobre as quais você raramente, ou nunca, ouviu os homens mais velhos falarem. Esse vazio é alimentado pelo silêncio. E, quando um homem define sua vida pelo seu desempenho, seu próprio critério de sucesso se torna a locomotiva de sua desgraça.

Apesar de a maioria dos homens ser razoavelmente inteligente, a configuração padrão de sua mente diz: "Se ninguém fala sobre isso, eu devo ser o único homem a ter esse problema. Devo ser o único na igreja tão confuso assim, o único ignorante da família, o único fracassado do escritório." Quando o coração de um homem está morto, seu padrão de pensamento muitas vezes não pode ser distinguido das mentiras do Diabo.

Quando um homem define sua vida pelo seu desempenho, seu próprio critério de sucesso se torna a locomotiva de sua desgraça.

Um amigo meu diz: "Nós, homens, não temos apenas questões, temos um questionário." Os homens adoram falar de filosofia, teorias, probabilidades e especulações. Querem discutir o *problema* do divórcio, enquanto as mulheres perguntam às amigas como ela e as crianças estão lidando com a separação. Até que os homens comecem a ser sinceros uns com os outros, até começarem a falar sobre suas angústias, provavelmente 99% de seus assuntos permanecerá no campo da teoria.

Muitos homens podem falar do *problema* da pornografia ao mesmo tempo que metade deles está lutando contra a própria perversão ou é viciado em sexo. Ninguém diz nem uma palavra sobre isso, ninguém admite uma necessidade e nenhuma discussão relevante dura mais de 60 segundos. O encontro com os amigos é o momento de bater papo sobre esportes, um dos refúgios preferidos dos homens. É comum eles abordarem algum problema pessoal de forma genérica, como se estivessem se referindo a outra pessoa. Os homens raramente falam de maneira profunda sobre suas dificuldades e inseguranças ou admitem seu vazio espiritual e a distância que sentem de Deus. O medo da exposição que eles sentem é colossal.

Os homens costumam culpar a mulher, os filhos, os sócios, o governo, a má sorte ou a parede na qual batem a cabeça. Aqueles que vivem isolados ou em ambientes dominados pela vergonha raramente assumem a responsabilidade por suas próprias escolhas. Culpar a si mesmo não é a mesma coisa que assumir a responsabilidade, e também não é o caminho para encontrar a cura.

---

Culpar a si mesmo não é a mesma coisa
que assumir a responsabilidade.

---

## Destruindo o poder dos segredos

Durante uma reunião com um grupo da igreja, um homem disse: "Quero mais sexo do que minha mulher acha que um homem deveria querer e muito mais do que ela poderia me dar. Não consigo resistir ao desejo de assistir a um filme de sexo explícito a menos que eu me controle muito. Alguém se identifica com isso ou eu sou o único monstro em recuperação nesta sala?"

Então outro homem disse: "Evito viajar sozinho porque a atração pela perversão e a solidão de estar na estrada são muito fortes. Quando estou sozinho, estou sempre procurando conteúdo de natureza sexual."

Um respeitado líder comunitário confessou: "Estou lutando para deixar de ser preconceituoso. Tenho dificuldades de aceitar pessoas de outras raças, com opiniões políticas diferentes das minhas, pobres, soropositivos ou mulheres que esperam ser tratadas como um de nós. Estou amadurecendo, mas quero que meus irmãos saibam que tenho um longo caminho pela frente. Por favor, rezem por mim."

Outro irmão tomou a palavra e afirmou: "Tenho um negócio bem-sucedido e ganho mais dinheiro do que preciso, mas não sou generoso. Sou mesquinho e egoísta e gostaria de admitir que essa imagem de bom-moço que vocês estão vendo não passa de fachada. Tiro proveito das pessoas e preciso de ajuda."

Todos ficaram em silêncio por um tempo. Os homens presentes sabiam que não havia razão para continuar se escondendo. Então, o machão do grupo disse: "Tenho o terrível dom de ofender as pessoas. Julgo todo mundo e não consigo evitar fazer comentários maldosos sobre as coisas que considero erradas. Sou a pessoa mais arrogante que conheço. Sou muito vazio, solitário e infeliz e talvez demore para aprender o que preciso. Espero que vocês não desistam de mim."

O último homem na sala falou: "Trato minha mulher pior do que trataria um inimigo. Quero amá-la, mas não sei como expressar meus sentimentos nem o fato de não sentir mais muita coisa por ela. Às vezes, acho que não vou suportar mais continuar casado. Sou um péssimo marido e minha família é um desastre."

Tente fazer algo parecido em seu círculo de amigos. Sei que pode parecer impossível, mas não é. Os homens querem falar, só não sabem como.

O escritor bíblico exortou: "Portanto, confessem os seus pecados uns aos outros e orem uns pelos outros para serem curados" (Tiago 5:16). Engraçado. Confessar, orar e ser curado. A maioria das pessoas acredita que precisa de perdão e de uma segunda chance, mas, na verdade, precisa ser curado tanto quanto ser perdoado. Cristo já nos perdoou. Mas não estamos curados, *profundamente* curados, sem confissão.

Cristo já nos perdoou. Mas não estamos curados, *profundamente* curados, sem confissão.

## O legalismo não pode ajudá-lo

Segundo uma teoria que anda circulando por aí, Deus exige que os homens participem de grupos para ajudá-los a enfrentar suas responsabilidades. Até poderia ser útil participar de um grupo, sim, mas não podemos esperar que ele nos proporcione algo que está fora de seu alcance. No meu grupo, descobri da pior forma possível que nenhum de nós conseguia pedir ajuda aos outros. Chegamos a estabelecer laços superficiais de amizade, mas continuamos profundamente entrincheirados em nossa própria decadência.

Cerca de dois anos depois, tudo desmoronou. Sem saber o que se passava no coração de nossos irmãos, sofremos todos os conflitos que você pode esperar de homens razoavelmente sinceros.

Como os pecados masculinos são sempre os mesmos, não preciso citá-los aqui, mas a maioria girava em torno de sexo, vergonha e culpa. O grupo fracassou porque não fazíamos ideia de como desenvolver um relacionamento que nos resgatasse e ancorasse nossa vida na realidade e na verdade. Chegamos à meia-idade sem as ferramentas necessárias para navegar, e os barcos em que nos encontrávamos apresentavam furos e acabaram afundando antes que nos déssemos conta do que estava acontecendo.

Nossa experiência de compartilhamento de vida, na superfície pelo menos, terminou como um fracasso abjeto. Com a exceção de um irmão, que concordou em ser encaminhado para ajuda profissional, nosso pequeno grupo não era muito responsável nem sincero.

Eis o que acho que aconteceu: nossas esposas adoraram a ideia de nos reunirmos semanalmente para rezar, nos confraternizar e ler a Bíblia. Isso não deveria ser suficiente? Mas, pelo visto, não era. Caso contrário não teríamos perdido três em cada quatro integrantes.

Nossas esposas também ficaram felizes por outro motivo: estávamos prestando contas uns aos outros. Mas o que elas não conseguiam perceber era que estávamos fingindo – não intencionalmente, mas ainda assim fingindo. Recebíamos uma injeção semanal de Botox religioso e ficávamos com uma aparência melhor; porém, o que precisávamos era de cirurgia cardíaca.

Embora o objetivo do grupo fosse revelar a nossa fraqueza, expressar a ausência de amizades autênticas e prestar contas de nossos pecados, a ideia de que éramos um grupo de apoio era uma grande farsa, pelo menos em quatro sentidos.

O primeiro é que aquele *parecia* um grupo de apoio. Toda mulher sabe que o marido tem problemas e que precisa conversar com outros homens, mas raramente o faz. O propósito desses grupos é fazer os participantes falarem de suas dificuldades. Mas, na maioria das vezes, não era isso o que fazíamos. As esposas, no entanto, suspiravam aliviadas porque acreditavam que os maridos tinham encontrado amigos e finalmente estavam se abrindo.

A segunda parte da farsa é a seguinte: nenhum homem sabe dizer se seu irmão está sendo sincero ou não. Mesmo que ele esteja sendo totalmente sincero, o que é duvidoso, os outros vão passar a ter controle sobre o que ele faz depois que o encontro tiver terminado. Mas controlar o comportamento de um homem não muda seu coração.

Terceira: nenhum homem pode ajudar outro a prestar contas – esse é um trabalho de Deus.

---

Controlar o comportamento de um homem não muda seu coração.

---

A quarta e mais prejudicial parte da nossa farsa é: aquilo que deveríamos estar aprendendo a conversar com nossos irmãos continuava escondido nos recessos mais profundos do nosso coração, no lugar onde as mentiras são guardadas e alimentadas.

Qual é a ligação entre Hemingway, o meu grupo e você? É a seguinte: encontrar um homem tão sincero quanto Hemingway é raro. É preciso fazer um grande esforço para não se deixar levar pelo desânimo e pela depressão. Nenhum homem quer que seus sonhos morram, que sua paixão se dissolva, que seu objetivo se perca, que suas ilusões a respeito de si mesmo sejam destruídas. O que talvez tenha acarretado a derrocada de Hemingway – a impossibilidade de voltar para Cuba após a invasão da Baía dos Porcos – parece uma bobagem. Mas na poeira dos sonhos perdidos, não é necessário muito para destruir um homem, e a apatia quase parece uma paz real.

## Apenas *uma* voz

Embora um homem possa estar em silêncio, seu interior está cheio de vozes. Há vozes do passado fazendo balanços de seu valor como ser humano; vozes dos pais, de um professor ou de um herói da juventude; vozes infantis de valentões do tempo da escola. Há as vozes da religião; vozes que estimulam o desempenho e o poder; vozes do materialismo; vozes que vencem discussões no silêncio da mente. Às vezes, há a voz de uma esposa ou mãe que não entende a importância das próprias palavras, ou que entende mas não se preocupa em medi-las.

Também pode haver vozes de amigos que, em nome do dinheiro ou da fama, traem sua lealdade com frases como: "Ainda podemos ser amigos, mas não queremos mais fazer negócios com você", ou "Nossa amizade ficará mais forte se pararmos de trabalhar juntos", ou ainda a clássica "Amigos, amigos, negócios à parte". Provavelmente serão as últimas palavras que você ouvirá deles. Pode ser que você tenha feito o mesmo e, se isso aconteceu, não deve se sentir muito bem a respeito. Talvez sua voz repetindo essas palavras seja uma das que atormentam a mente de seu ex-amigo.

Apesar de a traição ser sempre um ato sujo, a maioria das vozes que ouvimos internamente tem a ver com aquilo que tememos ou com a dificuldade de perdoar aqueles que nos magoaram. Essa legião de vozes continua ressoando ao longo da nossa vida até que aprendamos a ouvir e a seguir a única voz que importa.

Recentemente, eu estava jogando dados com minha esposa, minha filha, o marido dela e outros amigos. Estava na vez de minha filha lançar o dado e, quando ela o fez, todos começaram a gritar, aconselhando-a na maior algazarra sobre a jogada que ela deveria fazer. O barulho era ensurdecedor. Como nosso entusiasmo não diminuía, ela olhou para nós e ordenou, baixinho: "Nada de vozes." A sala ficou em silêncio e ela procedeu de acordo com sua própria decisão, o que fez com que vencesse o jogo.

Não sei quanto a você, mas as vozes em minha cabeça podem arruinar um fim de semana perfeito. Não é necessário muita coisa – basta brigar com minha mulher, descobrir que um concorrente obteve vantagem, ouvir uma palavra mal empregada de um amigo ou ficar preocupado com o que os outros vão pensar de algo que eu fiz ou disse e então eu mergulho numa piscina de vozes até me afogar em piedade, ansiedade, medo e culpa. As vozes podem fazer com que um homem não perceba um céu azul, um sorriso ou a mão do filho puxando-o e implorando para brincar com ele.

Para ter relacionamentos saudáveis com Deus e com as pessoas, aprenda a distinguir as vozes boas e as ruins para poder rejeitar aquelas que repetem somente as mentiras do inimigo. Se você ouve em sua mente mentiras do passado e do presente, ou até mesmo aquelas que conta a si mesmo, pare. Comprometa-se a partir de hoje a aceitar apenas a verdade. Você precisa decidir viver a verdade, amá-la e segui-la para onde quer que ela o leve. Você começa a ser um homem digno de respeito quando aceita a verdade sobre si mesmo e segue em frente.

---

Para ter relacionamentos saudáveis com Deus e com as pessoas, aprenda a distinguir as vozes boas e as ruins para poder rejeitar aquelas que repetem somente as mentiras do inimigo.

---

Se você tem vivido uma mentira ou vem se escondendo atrás dela, procurar a verdade sobre si mesmo pode trazer a mesma sensação de ser traído por um amigo. É preciso estar disposto a se livrar do orgulho antes que a verdade o liberte. O caminho da fé apresenta-lhe a realidade, mostra a beleza que Deus criou em seu íntimo para que depois você possa ver o homem completo que pode vir a se tornar. Esta é a ordem das coisas verdadeiras: primeiro a fé, depois a realidade e, então, a visão espantosa do que ainda está por vir.

Qualquer voz que não esteja de acordo com "a voz que soprou sobre o Éden", como escreveu o poeta John Keble, deve ser afastada para sempre. Se quiser encontrar sua própria voz, é fundamental desligar-se das outras vozes que tentam definir quem você é, quem vai se tornar e qual é o seu valor. Isso não significa que você não deve ouvir sua mulher, seus amigos, seus filhos ou o conselho de outros homens. Simplesmente avalie se o que eles dizem está de acordo com as palavras de Deus. A descoberta da sua própria voz o ajudará a se tornar um ouvinte melhor. Descobrir sua própria voz e sintonizá-la com Deus vai fazê-lo descobrir a alegria da masculinidade.

Está escrito que "o justo viverá pela fé" (Romanos 1:17) e, no final, sem fé, um homem não pode viver, como Hemingway provou. Sem fé, a única coisa que resta é morrer para cumprir a mentira que os homens descrentes usam para ordenar a própria vida.

Se tudo isso lhe parece correto, mas você não tem fé suficiente, as Escrituras nos ensinam que "a fé vem por se ouvir a mensagem, e a mensagem é ouvida mediante a palavra de Cristo" (Romanos 10:17). Ouça a única Voz que pode ajudá-lo a escutar. Comece escutando a palavra de Deus. Leia a Bíblia em voz alta para si mesmo todos os dias. É impossível permanecer com o coração descrente se sua alma e sua mente estiverem ouvindo as palavras divinas e você estiver diariamente pedindo a Deus que lhe revele a verdade. Peça que ele o ajude a cada cinco minutos, se isso for necessário para que você entenda e aceite sua graça e sua bondade. Em outras palavras, torne a aceitação da verdade por meio da fé sua prioridade.

Termino este capítulo fazendo algumas observações a respeito do desempenho dos homens, o que, aliás, muitas vezes está relacionado à presença de vozes (ou à ausência de vozes apropriadas) que os levam a ser obcecados pelo sucesso. Muitas pessoas confundem sua personalidade com seu desempenho. Muitas delas tiveram pais que não disseram que os amavam pelo que eram ou que os elogiavam apenas quando eram bem-sucedidos em algo. Os homens que têm dificuldade em separar o que *fazem* do que *são* talvez sejam os que mais resistem a pedir ajuda. Um homem pode ser capaz de levar sua empresa ao sucesso, mas, se o desempenho for sua prioridade, a ocultação de suas fraquezas provavelmente virá em seguida.

Os homens que têm dificuldade em separar o que *fazem* do que *são* talvez sejam os que mais resistem a pedir ajuda.

## Se o que você *faz* é quem você é...

A seguir, apresento o que aprendi observando minhas próprias fraquezas e analisando o que os homens fazem para alcançar o sucesso enquanto ignoram os problemas do coração. Se você acha que o que você *faz* é quem você *é*...

- espere ter uma grande crise pessoal na meia-idade ou mais cedo. Você não vai conseguir escapar da dor que o aguarda;
- por mais que você se esforce, seu trabalho nunca o deixará satisfeito. Esta é a maldição do padrão que você estabeleceu para si mesmo;
- terá relacionamentos superficiais;
- irá experimentar uma terrível sensação de vazio logo após realizar sua maior conquista;

- vai sempre negar os verdadeiros motivos por trás das coisas que sente;
- vai trabalhar cada vez mais;
- não vai aproveitar as riquezas da generosa graça de Deus;
- o desempenho se tornará o cruel feitor da sua vida;
- não será capaz de sentir o amor de Deus por você;
- irá se valorizar e respeitar cada vez menos;
- vai acabar questionando a existência de Deus;
- encontrará isolamento e alienação nas pessoas que você mais ama;
- vai amar coisas e usar pessoas em vez de amar pessoas e usar coisas;
- irá optar por permanecer amargo em vez de se abrir e ser sincero em relação à sua dor;
- sua vida terá um fim triste e cruel.

Se você decidir se tornar um novo homem que se dispõe a rejeitar o desempenho como medida do seu valor pessoal, reze para que Jesus faça o que for necessário para amaciar seu coração novo e substituir seu modo de vida confuso por algo vivo. Faça isso e descubra o que realmente significa ser um homem. Talvez você chegue a pensar, pela primeira vez, que é, de fato, um homem. Confie na verdade e acredite que destruir a imagem equivocada que faz de si mesmo é um preço que vale a pena ser pago. Deus pode transformá-lo no homem que você foi concebido para ser. Ele deseja lhe dar um lugar entre os homens. *Isso* é algo sobre o qual vale a pena falar. A escolha é sua.

## CAPÍTULO 6

# A força dos opostos

Se você afirma que sua mulher é sua melhor amiga, preciso lhe dizer que isso me preocupa um pouco. Não estou querendo ser negativo, mas homens e mulheres são muito diferentes. É claro que vocês podem mesmo ser grandes amigos, mas você não quer que eu acredite que pode contar a ela tudo o que passa pela sua cabeça, não é? Se você faz isso, sugiro que pare agora. Ela não pode lidar com certas coisas que um amigo homem lidaria com facilidade.

As mulheres não foram criadas por Deus para serem o lugar onde despejamos todo o nosso lixo emocional. Por exemplo, tente contar à sua esposa que você está se sentindo atraído por uma garota bonita no trabalho. Tente contar isso quando ela estiver grávida e você descobrirá exatamente o que não pode dizer à sua "melhor amiga". Você vai esquecer essa atração da noite para o dia, mas ela vai se lembrar até o dia do seu enterro.

As diferenças entre os sexos são uma ótima forma de dar início a uma boa conversa. Peça a um homem para descrever nossas diferenças e você dará boas risadas. As mulheres simplesmente reviram os olhos. As diferenças são profundas e lindas – ou não –, dependendo de como as encaramos.

Algumas pessoas dizem que as mulheres muito atarefadas têm tanta dificuldade de obter ajuda quanto os homens, mas eu não tenho tanta certeza disso. As mulheres parecem fazer isso com mais naturalidade, sabem como encontrar o apoio de que precisam. Acredite se quiser, a maioria dos homens não sabe como pedir ajuda, fica constrangida por precisar de apoio ou não tem amigos suficientemente íntimos com os quais conversar sobre suas questões interiores profundas e às vezes obscuras.

Pedir ajuda aos outros não é um problema, mas para mim mesmo é quase impensável. Quando Deus nos criou, isso ficou bastante claro. Ele disse que Eva, a mãe de todas as mulheres, seria uma ajudante de Adão – mas duvido que Adão soubesse de que tipo de ajuda precisava. Na maioria das vezes, eu também não sei. Mas Eva devia saber, e minha esposa certamente sabe. Acredito que, embora talvez precisemos de alguma ajuda física, o que nos falta é sobretudo um amparo emocional e espiritual. As mulheres possuem uma capacidade incrível de perceber nossas necessidades, mesmo quando não as verbalizamos. As mulheres também têm redes sociais e círculos de amizade que parecem crescer facilmente entre elas. Os homens raramente têm isso.

Se os homens parecem ter mais habilidades físicas (um dom que nos torna um pouco menos sensíveis), as mulheres são naturalmente mais doces, protetoras e intuitivas. Elas têm talentos com os quais os homens só podem sonhar e vivem cercadas de bondade e amor, fazendo quase tudo para nos ajudar. Suas dádivas divinas incluem um detector de mentiras altamente sensível, levando-as a saber quando estamos faltando com a verdade. O fato de elas estarem dispostas a investir tanto tempo e energia no nosso aprimoramento é surpreendente. Acreditar que as mulheres foram criadas para desempenhar papéis servis nos relacionamentos e na sociedade em geral é loucura – o tipo de loucura que somente homens egoístas podem inventar.

## Os homens precisam de algo além de si mesmos

As mulheres talvez sejam de fato a parte mais talentosa e saudável da raça humana. Deus deixou claro que um homem precisa de uma mulher simplesmente para ser normal. A primeira coisa que Deus admitiu que não "era boa" em sua criação era a solidão do homem; ele não disse isso sobre as mulheres. Se permanecerem muito tempo sozinhos ou escravizados pelas invenções da sua própria imaginação, eles se transformam em predadores, manipuladores ou mentirosos. Raramente se tornam equilibrados e bem-ajustados.

Certa vez, eu estava sentado sozinho em um pequeno bistrô italiano, ouvindo o murmúrio das conversas alheias e apreciando um prato de ravióli quando percebi dois homens, já em idades bem avançadas, falando animadamente sobre mulheres. (Alguns assuntos nunca perdem o fascínio para os homens.) Um deles contou ao amigo sobre uma mulher com quem estava saindo:

— Você jura? — o outro perguntou, com aprovação e inveja iluminando seu rosto cansado.

— Claro! Eu nunca minto — disse o amigo. — A não ser para a minha mulher.

Que horror! Essa foi uma daquelas cenas peculiares que revelam mais sobre a natureza humana do que gostaríamos de admitir.

Deus deu às mulheres a habilidade de ajudar os homens a encontrar a verdade e a capacidade impressionante de usá-la contra eles em determinados momentos. Assim, se você está interessado em se tornar a pessoa que Deus quer que você seja, deve viver sem ter nada a esconder. Precisa ter humildade para se curvar diante de Deus e de sua esposa, mas também necessita da presença de outros homens. Bons amigos não deixam seus irmãos vagarem por uma estrada que eles sabem que é um mau caminho. Esposas amorosas fazem o mesmo.

Então, nós, mestres do nosso destino, nos jogamos de cabeça na vida e no casamento sem ter a menor ideia do que nos espera.

Depois que a lua de mel acaba e voltamos para o mundo real, maridos e esposas descobrem rapidamente como são diferentes – e egoístas. Acrescente a isso algumas crianças cheias de energia e sogros intrometidos e você talvez nem se reconheça mais. Os primeiros anos de casamento são uma época de autodescoberta intensa, que às vezes é difícil de compreender. Se mantiver o coração alerta e conservar vivo seu amor, a transformação pela qual passará será tão notável quanto se tivesse acabado de dar seu primeiro passo ou de balbuciar sua primeira palavra. As palavras e passos que um homem e sua mulher dizem e dão juntos são como um grande despertar, o início de uma jornada, uma nova linguagem da alma.

## O que fortalece e o que enfraquece o casamento?

O grupo Jantar e Conversa se reuniu numa noite quente de verão e conversamos sobre casamento. "O que fortalece e o que enfraquece seu casamento?", perguntei. A primeira resposta foi: "Quando rimos juntos, esqueço minha necessidade de me sentir importante e ela esquece sua necessidade de ser notada." A noite foi ótima, pois ficamos conversando e curtindo a brisa. Chegamos à conclusão de que, entre as coisas que enfraquecem o casamento, estão: a apatia; a expectativa de tornar o relacionamento perfeito em vez de ajudá-lo a crescer; qualquer tipo de perversão; perda da intimidade; ausência de diálogos; não prestar atenção no outro; a rotina; falta de fé; importância demasiada ao trabalho; obstáculos criados pelos hábitos e por antigos comportamentos que nos tornaram quem somos; e a tentativa de transformar nossa esposa em reflexos de nós mesmos.

Falar sobre o que fortalecia nosso casamento foi igualmente fascinante, não apenas pelo que foi dito, mas também porque nenhum dos 16 homens em volta da mesa se lembrava de já ter tido uma conversa como a que estávamos tendo. Um dos participantes disse: "Minha mulher e eu fizemos uma linha do tempo dos nossos 30 anos de casamento e, ao revermos tudo o que havíamos superado, ficamos surpresos. Aquilo fez com que nos víssemos menos como vítimas e mais como parceiros." Outros disseram que seu casamento era fortalecido por intimidade e apoio, pela sinceridade, por crenças semelhantes, pela humildade e pela manutenção do carinho e do desejo. Acreditar um no outro, estar ligado ao parceiro, desenvolver interesses além dos filhos, reconhecer nossa espiritualidade, manter a chama acesa, convocar a presença do Espírito Santo e celebrar nossas diferenças – tudo isso é significativo para mantermos nossos relacionamentos num caminho positivo. O fato de Deus ter criado o homem e a mulher deve indicar que ele não tem medo de conflitos.

O fato de Deus ter criado o homem e a mulher deve indicar que ele não tem medo de conflitos.

## Aprendendo a celebrar as diferenças

As distinções entre mim e minha mulher são óbvias e não sei se poderíamos ser mais diferentes. Ela é linda e eu sou bastante comum. Ela é extrovertida, uma contadora de histórias cheia de imaginação e eu sou naturalmente quieto. Ela sabe contar piadas, já eu não consigo me lembrar nem de uma frase célebre. Ela é de origem irlandesa e sueca e talvez mais algumas nacionalidades e eu sou um teimoso suíço-alemão. Ainda estamos pesquisando a história para ver se os alemães lutaram contra os irlandeses ou se os suíços lutaram contra os suecos só para descobrir quem venceu. Cresci em um lar pacífico, meu pai e minha mãe jamais levantaram a voz. Ela cresceu em um lar no qual a pessoa que jogava a sopa na parede ganhava a briga. Venho de um meio amish e menonita conservador, ela vivia em meio a pagãos bêbados. Sou um homem do campo, ela é uma moça da cidade. Os opostos se atraem. Nós nos apaixonamos. E foi aí que a diversão começou.

Linda estava decidida a me ensinar a brigar, mesmo que fosse apenas para descobrir no que estava pensando e para me fazer falar a respeito. Por ser o terceiro filho em uma sequência de meninos, sei muito bem o que é concessão e como conseguir o que quero negociando e chegando a um meio-termo. Ver o outro lado de um problema é fácil para mim, mas brigar era algo totalmente novo. Poucos dias após nosso casamento, logo depois da primeira discussão, pensei em uma coisa simples que eu poderia fazer para que minha mulher se sentisse amada: levei café na cama para ela. Há mais de 30 anos faço isso diariamente, em qualquer situação, não importa se acabamos de ter a pior briga de nossas vidas ou se não estamos em nossa casa. A menos que eu esteja viajando ou que ela se levante mais cedo do que de costume, o café é servido na cama.

É gentileza minha fazer isso, não? Claro que é, mas confesso abertamente um motivo darwiniano por trás dessa gentileza: o conceito de sobrevivência do mais apto. Esse ritual talvez tenha evitado um divórcio. Ele praticamente garante que ela vai acordar mais ou menos na mesma hora que os outros seres humanos e que estará suficientemente cansada para apagar as luzes na hora que eu estou com sono. Ela gosta tanto de ficar acordada até tarde que, se não acordasse em um horário civilizado, não sei se algum dia eu conseguiria dormir antes do amanhecer. Sou muito rabugento quando estou cansado; e juízes e advogados podem afirmar que as pessoas que se divorciam quase sempre são rabugentas. Então, está vendo como o café na cama salvou meu casamento?

O casamento nunca está longe da interseção de amor e guerra. O que você pode fazer quando assuntos delicados voltam à tona, quando vocês têm uma briga terrível depois de 30 anos juntos? Linda e eu podemos facilmente reabrir velhas feridas e nos deixar levar pela estupidez. Sabemos exatamente onde estão as cicatrizes. Quando esses momentos surgem, devemos lembrar que não somos mais as pessoas que éramos antes. A cura que vivenciamos é real, mesmo que seja parcial.

## Viva mais leve se quiser viver melhor

O problema das pessoas casadas é que elas se levam muito a sério. Escolhemos a criatura mais perfeita que encontramos e depois passamos o resto da vida tentando encaixá-la no ideal de perfeição que criamos para ela. Perdemos muito tempo criticando as características que fogem à imagem que idealizamos ou então criamos juntos um ideal de casamento perfeito e ficamos surpresos quando a vida não coopera e o transforma em algo completamente diferente do que esperamos. Talvez o fracasso dos matrimônios esteja ligado a essas distorções de nós mesmos.

O que nos faz agir sem amor em relação às pessoas que já foram as que mais amamos? Será que uma certidão de casamento nos dá o direito de ser rude com nossa companheira, de tratar o outro mal, de exigir mudanças que só Deus pode fazer? Um casamento é algo satisfatório, mas desafiador. Para sobreviver aos altos e baixos da relação, ele deve ser divertido e gentil. O casamento não pode permanecer sagrado se não for saudável e certamente não durará muito se não for divertido. A jovialidade e a leveza precisam permear nossa atitudes, nossas emoções e nossos esforços mais profundos. Temos o poder de destruir quem amamos. O truque é não usar esse poder.

---

O casamento não pode permanecer sagrado
se não for saudável e certamente não
durará muito se não for divertido.

---

Aprenda a apreciar a força positiva das diferenças e a beleza que suas características opostas podem ter. Essa força positiva é, acima de tudo, o amor. Com ele, podemos criar uma vida que vale a pena ser celebrada e, quando a celebramos, a alegria do nosso coração possibilitará que os outros vislumbrem o paraíso.

O casamento é um mistério e faz parte de um mistério maior. A união emocional, espiritual, física e intelectual com uma alma oposta à nossa é um reflexo da multiplicidade e da unidade que vivenciamos com Deus. Quando fracassamos, as diferenças entre nós se tornam um enorme abismo, mas, com amor, essas mesmas diferenças se transformam numa fonte de celebração e realização. Trair a fonte que o sustenta é destruir parte de si mesmo.

O que dá ao casamento sua cor, tempero e vitalidade? A resposta parece óbvia – gostar do outro, ver o mundo com curiosidade e manter os olhos abertos para as diferenças que nos enriquecem. Mas não é apenas isso: precisamos aceitar a vida como ela é e cuidar do outro com a mesma dignidade e respeito que queremos receber. É comum ouvir que os homens desejam mais o respeito do que o amor; talvez seja verdade, mas isso me parece tão satisfatório quanto comer um sanduíche de tomate sem tomate. Estou convencido de que todos nós queremos as duas coisas. Você e sua amada são os personagens principais da história da sua vida. Se essa história vale a pena ser contada ou não depende da maneira como você a vivencia e do amor que você e sua esposa sentem um pelo outro.

### O poder de criar ou de destruir uma vida

Talvez as predisposições mais prejudiciais dos homens em relação à família sejam domínio e controle – exatamente o que as feministas e os homens de caráter rejeitam. Mas os homens não são os únicos a cometer esse pecado. As mulheres que tentam transformar os filhos nos maridos e pais que *gostariam* de ter tido, ou que tentam, por meio de um controle excessivo, evitar que os filhos se tornem como os homens que as magoaram, também precisam de uma nova maneira de pensar.

Quando um menino chega à adolescência, a mãe precisa entender que o controle excessivo pode causar danos profundos naquela criança que está se tornando um homem. Um pai e marido consciente pode ajudá-la a entender isso, mas poucos homens sabem tocar nessa questão delicada com gentileza e sabedoria. Esse momento de transformação radical na vida dos jovens precisa ser contrabalançado por pais sábios que lhe permitam vivenciar os resultados de suas escolhas para que possam descobrir as raízes e os limites de sua existência e masculinidade. Um equilíbrio saudável entre os pais nesse período da vida dos meninos é uma das coisas mais difíceis de se obter. Pais divorciados que insistem em transformar os filhos em seu campo de batalha pessoal estão pondo ainda mais coisas em risco.

Acho que os homens têm um medo intrínseco do poder que eles possuem de destruir a si mesmos. Talvez o mesmo aconteça com as mulheres. De alguma maneira, o fato de duas criaturas completamente diferentes precisarem uma da outra não apenas para sobreviver, mas para viver, parece algo mais profundo do que um simples erro evolutivo. Juntos criamos vida, não apenas porque procriamos, mas por causa das celebrações, dos fatos corriqueiros, das tristezas suficientes para silenciar o inferno e das alegrias que nos levam ao paraíso. Seja qual for a beleza que criamos ou destruímos ontem, ainda temos um novo início no momento em que o sol desponta (desde que, na minha casa, o café seja servido na cama). O que fazemos juntos, um dia de cada vez, determina todo o nosso futuro.

Somos inicialmente atraídos pelo que temos em comum, mas também pelo mistério que queremos desvendar no outro. Chamam isso de descobrir nossa alma gêmea. Nunca ouvi ninguém dizer que se casou porque tinha pouco em comum com o cônjuge, porém, quanto mais você vive, mais compreende que são as diferenças, e não as semelhanças, que fazem a vida valer a pena. Elas são a centelha que mantém acesa a luz do casamento.

Três moças vieram jantar em nossa casa um dia e queriam saber qual era o nosso segredo para estarmos casados há tanto tempo. Elas perguntaram especificamente sobre as nossas brigas. Rimos e citamos alguns exemplos de nossa insanidade temporária, nosso pecado caseiro. A maioria das brigas acontece por motivos banais. Qualquer casal poderia encontrar facilmente um motivo para se divorciar – não um motivo *relevante*, mas suficiente para desistir de tudo, simplesmente porque a vida a dois é difícil. Linda e eu fizemos a promessa de nunca mencionar a palavra "divórcio". Sempre nos esforçaríamos para superar quaisquer dificuldades que surgissem ao longo do caminho.

Então, decida-se a ter o coração íntegro dentro de casa. Crie um relacionamento saudável com sua esposa. Seja amigo dela. Faça a vida ser divertida. Não trate sua mulher como um objeto sexual, mas não deixe de aproveitar ao máximo a sexualidade de vocês. Dê a ela o amor, o respeito e a dignidade que você quer para si mesmo, reconhecendo que vocês dois são iguais na jornada que Deus quer abençoar. Celebre a força de sua esposa e as grandes diferenças que fazem dela uma mulher e de você um homem. Não se case com a beleza dela. Seja gentil com as fraquezas de sua esposa e peça a Deus que lhe dê autoconfiança para ser o homem de que ela precisa. Ajude-a a encontrar sua própria voz – uma voz que será para você como o bálsamo de Gileade, e não a voz triste de Eva no dia em que os anjos expulsaram nossos genitores do jardim no qual eles haviam caminhado e conversado com Deus como indivíduos únicos e distintos, mas unidos um ao outro em completa intimidade.

**CAPÍTULO 7**

# Onde começa a beleza

Deus deu aos homens uma atração profunda pela beleza e um anseio igualmente intenso de conquistar a honra e a dignidade que veem naqueles que eles admiram. Esses atributos – beleza e honra – são as maiores forças motrizes da vida de um homem. Eles são mais poderosos do que o sexo, a competitividade e o medo, e talvez sejam até mais fortes do que o instinto de sobrevivência. Por causa deles, civilizações se formam e prosperam. Na verdade, são as ferramentas que usamos para sobreviver.

Deus deu aos homens uma atração profunda pela beleza e um anseio igualmente intenso de conquistar a honra e a dignidade que veem naqueles que eles admiram. Esses atributos – beleza e honra – são as maiores forças motrizes da vida de um homem.

Além da atração mais óbvia, os homens também são seduzidos pela beleza natural de um cânion ou de uma montanha, pela perfeição de um pôr do sol, pela simetria de uma formação de pássaros ou de um cardume de peixes, pela arquitetura grandiosa, pela incompreensível vastidão do Universo. Amamos as linhas elegantes de um Porsche, o estilo clássico de uma picape Ford, a beleza de um antigo telhado colonial e os olhos inocentes de uma criança. Podemos nos emocionar com a arte, com as formas de um floco de neve, com as lindas cores e desenhos da natureza. Ficamos perplexos diante dos limites da humanidade, do velho e do novo e da insondável beleza do amor divino, uma vez que o encontramos.

Mas o que nos atrai mais profundamente é o amor. Todas as outras atrações e apetites são expressões do nosso desejo de amor. Essa ideia pode estar deturpada ou obscurecida pelas tristezas e os homens podem não ter coragem de admiti-la, mas, no fundo, estamos sempre em busca do amor. Os vícios e as perversões são provas de que seu desejo enlouqueceu.

Os homens também vivem numa eterna procura pela honra. Talvez seja o resultado de sua passagem pelo Éden. Talvez seja porque somos criados à imagem de Deus. Ou as duas coisas. Os homens sacrificam a vida por seus filhos, sua mulher, seus amigos, suas crenças e seu país. Em nome da honra, travam guerras e pagam um preço incalculável para preservar para as bênçãos da liberdade. Jogam seus corpos sobre granadas nas linhas de frente das batalhas para salvar os amigos. Enfrentam perigos de todo tipo para salvar uma criança e, como o mundo todo testemunhou em 11 de setembro de 2001, sobem em prédios em chamas para salvar a vida de estranhos.

Em nome da verdade, homens amarrados a estacas em chamas morreram em vez de negar sua fé em Jesus Cristo. Passagens como essas são contadas na história de mártires como Dirk Willems, que salvou das águas gélidas aquele que o perseguia e depois foi preso por esse mesmo homem e assassinado por causa de sua fé. O fato de a honra provocar situações desse tipo prova que no coração de um homem transformado pela presença de Jesus há uma dignidade conferida por Deus.

Beleza e honra são os pilares mais básicos e dinâmicos na alma de um homem. Quando jovem, um garoto é instintivamente atraído pela beleza, mas alguém deve ensinar a ele o que é a honra. Em uma família saudável, na qual há respeito mútuo entre os pais, o jovem encontra a beleza pela primeira vez na mãe. O respeito da mãe pelo pai proporciona ao garoto seu primeiro contato com a honra. Quando fica mais velho e aprende que a vida não vale a pena sem honra, ele precisa saber equilibrar as duas coisas, honra e beleza, que precisam estar envolvidas, entrelaçadas como dois amantes enfeitiçados nos braços um do outro.

Alguns homens passam a vida sem saber exatamente o que estão buscando: dinheiro, tranquilidade para o futuro, belas mulheres, superioridade em relação aos outros, grandes conquistas ou as oportunidades que deixaram para trás. Outros, aqueles que descobrem cedo que precisam ter um propósito maior do que o próprio ego, dedicam a vida à humanidade ou a Deus, ou humildemente a Deus *e* à humanidade. Mas, no fim das contas, tanto os homens que estão em uma busca egocêntrica quanto os que se dedicam a causas mais nobres estão procurando beleza e honra.

O homem precisa saber equilibrar as duas coisas, honra e beleza, que precisam estar envolvidas, entrelaçadas como dois amantes enfeitiçados nos braços um do outro.

Beleza e honra precisam andar juntas ou ambas morrerão. A busca apenas pela beleza pode levar à pornografia. A busca da honra pela honra pode levar ao abuso ou à austeridade. Virtude e paz, juntas, são um par vivificante e, na nossa equação, o entrelaçamento da delicadeza do belo com a força da honra é o que gera uma soma desejável. O fascínio de um homem pela beleza pode fazer com que ele fixe os olhos no corpo de uma mulher. A honra é o que faz com que ele os fixe nos olhos dela – esse é o lugar onde se encontra a beleza da alma.

O fascínio de um homem pela beleza pode fazer com que ele fixe os olhos no corpo de uma mulher. A honra é o que faz com que ele os fixe nos olhos dela – esse é o lugar onde se encontra a beleza da alma.

Por que Deus criou os homens com um desejo tão intenso pela beleza e uma atração igualmente forte por respeito e honra? Por causa de sua infinita bondade. A beleza e a glória nos destruiriam se as víssemos agora. No entanto, em Cristo, "vimos a sua glória, glória como do Unigênito vindo do Pai, cheio de graça e de verdade" (João 1:14). Que beleza estamos deixando de ver quando olhamos para Deus? E quando não olhamos? O que ainda não vimos? Seremos observadores futuros da beleza que nem sequer conseguimos imaginar hoje. Além disso, teremos ganhado a dignidade e o respeito eternos reservados àqueles que são membros da família real de Deus. É por isso que desejamos tão ardentemente honra e respeito como homens. Deus planeja nos conceder esse desejo que, apesar de pouco mencionado, está profundamente inscrito em nosso coração.

## Esperança para quem aprende visualmente

Sobre a polêmica questão de que os homens olham para outras mulheres é que, como somos criaturas visuais, não conseguimos evitar. Olhar é normal, mas o homem que olha com luxúria é que comete o pecado. Minha esposa tem me ajudado a controlar esse impulso. Quando passa uma mulher bonita ao nosso lado, em vez de ignorar o óbvio, ela comenta "Ela não é bonita?", assim, admito minha admiração em voz alta e fazemos com que aquilo não se torne algo importante para mim ou um problema entre nós. Obviamente, ela não gosta que eu continue olhando, então, tento não fazê-lo.

No que diz respeito à beleza, somos atraídos por ela *sim*, mas somos mais do que isso. Desejamos mistério, a honra da conquista, romance, amizade, intimidade, um propósito de vida e um trabalho significativo. Em última instância, desejamos o paraíso. É triste ver tantos homens desistirem de seus sonhos, porém, ainda mais lamentável é vê-los gastar sua vida perseguindo sonhos que não valem nada.

Deus está chamando todos os homens para se colocarem acima de seus próprios vícios e se tornarem "carvalhos de justiça", homens nos quais ele criará beleza para substituir as cinzas de "um espírito deprimido" (Isaías 61:3). Ele está chamando os jovens com sua força para se devotarem à visão majestosa que é seguir os passos de Jesus Cristo. Está chamando os homens de mais idade para viverem a vida plenamente, para produzirem frutos como uma árvore cujas flores nunca murcham e para orientarem os homens mais moços com a sabedoria que acumularam ao seguir Jesus ao longo dos anos. Deus quer uma comunidade de fé profunda, engajada em conversas e no companheirismo do amor fraterno, concentrada em um propósito, unida em espírito, guiando lares, negócios e comunidades para fazer o que é certo e justo. Ele quer despertar homens adormecidos, como o apóstolo Paulo escreve em sua epístola aos crédulos, e levantá-los dos mortos para que Cristo resplandeça sobre eles (Efésios 5:14).

## A beleza começa no lar

Não é comum pensar nos homens como donos de casa. Na sociedade machista em que vivemos, essa ideia não soa bem. Mas a questão central aqui é a necessidade de tornar o lar o centro, o lugar no qual honra e beleza se encontram e criam vida. Em um mundo ideal, o homem é tão responsável quanto a mulher pelo tipo de lar em que vive. Ele faz isso sem perder a dignidade – pelo contrário, sabe que essa é uma fonte autêntica de dignidade. Ele encontra seu lugar com graça e força e se curva para servir, a despeito de já haver outra pessoa servindo. Os homens que acham que isso tem algo a ver com escolher a cor dos pratos não estão entendendo nada. O que isso quer dizer é: homens saudáveis são tão responsáveis pelo ambiente doméstico quanto suas esposas. As crianças que vivem em lares assim conhecem as benesses supremas do amor. O manancial de agradáveis correntes de vida começa em famílias amorosas, nas quais os pais contribuem plenamente para fazer da casa um lar de verdade.

Homens saudáveis são tão responsáveis pelo ambiente doméstico quanto suas esposas.

É fácil para um homem se omitir, não dizer nada, não fazer nada ou ser tão severo a ponto de se tornar um ditador doméstico. Esses dois extremos nascem da insegurança ou da apatia. Nada "suja o ninho" tanto quanto a apatia, nada entristece mais a família do que um homem que se torna maníaco por controle. Em nenhum desses casos o pai consegue atingir a fonte vivificante da paternidade ou honrar a paixão de uma mãe pelo bem-estar da família.

Os lares em que a beleza e a honra estão presentes são alegres, leves e bondosos. Isso não significa que, nesses lares, a vida seja um mar de rosas 24 horas por dia, mas que são locais seguros para as crianças e os adultos. A bondade que emana de casas harmoniosas é um convite a nos tornarmos as criaturas amorosas que não poderíamos ser se permanecêssemos sozinhos.

Os lares em que a beleza e a honra estão presentes são alegres, leves e bondosos.

Apesar de todas as teorias que afirmam o contrário, os homens amam o tipo de beleza que flui de um lar saudável. Eles a desejam tanto quanto as mulheres, às vezes até mais do que elas.

Quando um homem perde o calor e o aconchego do lar, o abraço carinhoso da esposa, as vozes alegres dos filhos e as risadas da comunhão com os amigos, ele descobre que aquilo que mais o atrai é a beleza do lar. Se não consegue ver isso antes, no momento em que perde tudo ele é capaz de perceber que é *nessa* beleza que um homem encontra satisfação. O encanto do dia a dia doméstico é a fonte de todas as coisas boas da nossa vida.

Em um dos debates do grupo Jantar e Conversa, pedi aos irmãos que descrevessem como gostariam que seus lares fossem nos próximos 20 anos. Esse é um assunto sobre o qual os homens raramente conversam, no entanto, falamos a respeito durante horas. A resposta mais memorável, para mim, veio de meu amigo Gary. Ele disse que gostaria que seu lar fosse um lugar aonde seus netos sempre quisessem ir, ansiosos para encontrar o vovô. Depois, declarou: "Queria que minha casa fosse como uma igreja." Isso significa que ele queria que seu lar fosse um lugar sagrado, no qual as lágrimas estivessem seguras, onde houvesse confiança, alegria e celebração.

Sim, o lar deve ser um lugar onde as crianças estejam seguras, onde Deus se senta à mesa porque gosta da nossa presença e vice-versa. Isso não é fantasia, se você acreditar nas palavras de Jesus: "Eis que estou à porta e bato. Se alguém ouvir a minha voz e abrir a porta, entrarei e cearei com ele, e ele comigo" (Apocalipse 3:20).

Posso afirmar o seguinte: Deus veio à minha casa. Entrou pela porta da frente, sentou-se à mesa e comeu conosco. Nós o vimos?

Bem, no início, não, mas reconhecemos sua presença. Vimos a beleza e a honra que ele trouxe à nossa casa. Ele trouxe risos e dádivas de alegria que não possuíamos, e nos deu suas lágrimas para que também pudéssemos derramá-las. Antes de ele chegar, não sabíamos que ele chorava, ou por que motivo o fazia. Mas agora sabemos. Muitos amigos dizem que encontram essas qualidades em nosso lar e eu sei que elas não estavam aqui antes de *ele* vir jantar.

Da próxima vez que ele bater à sua porta, convide-o para jantar. Ele não é um convidado exigente. Se você quiser ver beleza e honra de perto, dê-lhe a chance de entrar.

## CAPÍTULO 8

# Tristeza – a mão que nos molda

Na época em que os sem-teto caminhavam ao longo das estradas procurando uma casa com gente amistosa que lhes oferecesse um prato de comida e uma palavra gentil, minha mãe nunca os mandava embora. Na primeira lembrança que tenho dessa época, eu estava escondido debaixo da mesa da cozinha, observando o homem acabar de comer e continuar a vagar pela estrada. Minha mãe me disse para não ter medo – ele era gentil e educado, só estava com fome. Aos 3 anos, eu não sabia o que significava *estar com fome* nem que *amar* é o verbo que torna a fé cristã tão útil. Ela falava que aqueles estranhos podiam ser anjos enviados por Deus para nos abençoar. Quem sabe? Talvez fossem mesmo.

Nossa casa estava sempre cheia de pessoas famintas e meus pais as alimentavam e conversavam com elas. Era uma das irresistíveis expressões do amor cristão deles. Ao longo dos anos, acho que milhares de pessoas de todo o mundo se sentaram à mesa dos meus pais, pessoas do campo, humildes e silenciosas, para desfrutar um pouco de comida e muito amor. Não consigo me lembrar de um jantar que não fosse seguido de uma canção ou de alguns versos que a família recitava em uníssono.

Meus pais mantinham um livro de hóspedes no qual, durante cinco décadas, eles registravam o nome e a história de todas aquelas pessoas que compartilharam sua vida conosco em algum momento. Não sei como elas acabavam indo parar lá em casa, mas desde muito cedo entendi que o mundo é uma vizinhança global com uma necessidade comum de amor, união, compreensão, bondade e celebração. Meu pai, um homem brilhante apesar do pouco estudo, acolhia em nossa casa pessoas de todos os níveis sociais e raças, e adorava aprender algo novo com cada uma delas.

À mesa dos meus pais, aprendi que todas as pessoas têm um valor intrínseco porque Deus as ama. O cargo que ocupavam ou as circunstâncias de sua vida nunca influenciaram na maneira como meus pais as tratava. A estradinha de terra que cruzava nossa fazenda, usada para carroças e equipamento agrícola, apontava para aldeias e cidades de todo o mundo. Nossa mesa era, em pequenas dimensões, o centro do mundo, o âmago da nossa existência.

## Filhos da tristeza

Talvez eu estivesse louco, mas certa vez pedi a Deus que me permitisse penetrar nas tristezas dos meus irmãos para entendê-los melhor e estar mais presente na hora do seu sofrimento. Não lembro se esse ímpeto veio da ideia de que Jesus quer nos ensinar sobre o amor por meio da dor, da minha relutância em viver de forma superficial ou de uma mistura de tudo isso. Acredito que tenha sido o resultado de testemunhar a generosidade dos meus pais durante a vida toda ou então das preces que minha mãe sussurrava por mim, um filho jovem e arrogante. Pedi a Deus não apenas sabedoria, mas também experiência e algo mais a oferecer além de dizer "Sinto muito" enquanto o mundo desmorona sob os pés dos homens à minha volta. Não sei exatamente o que aconteceu, mas a minha vida se transformou num inferno.

No entanto, comecei a vivenciar a existência em um nível mais profundo. Descobri que ver nos olhos do outro as tristezas indescritíveis de sua alma e ouvir com o coração as suas histórias de perdas e seus sofrimentos é se tornar mais humano. Nos filhos da dor encontrei irmãos que nunca haviam falado de suas inseguranças, dos abusos que sofreram, dos fracassos ou da raiva que lhes angustiavam, mas que estavam dispostos a revelar seus segredos pela primeira vez. Descobri como é difícil para os homens expressar alegria profunda ou entregar-se à beleza e à verdade. À medida que conversávamos, passei a encarar minhas próprias tristezas, a me tornar consciente de minha incapacidade de dar e receber amor e a acreditar que sou amado por Deus apesar de tudo. A imagem perfeita que eu fazia de mim mesmo começou a se desfazer até me deixar nu na presença de Deus.

Isso é o que acontece quando estamos comprometidos com a verdade – embora ficar nu na presença de Deus não seja um conceito que eu tivesse aprendido antes de perder o medo de permitir que ele me ajudasse a examinar minhas próprias imperfeições.

A maioria de nós se exibe por trás de máscaras. Mas, quando um homem está nu perante Deus, sem nada a esconder, e percebe que está seguro em sua presença, sente pela primeira vez na vida que está totalmente vestido na presença dos outros e que pode ser aceito pelo que realmente é.

Quando um homem está nu perante Deus, sem nada a esconder, e percebe que está seguro em sua presença, sente pela primeira vez na vida que está totalmente vestido na presença dos outros e que pode ser aceito pelo que realmente é.

Há perdas e tristezas para as quais não há palavras, apenas grunhidos sem nexo. Nunca ouvi falar de homem algum que chegasse ao fim da vida sem experimentá-las. Poucos compreendem isso enquanto ainda são jovens, e jamais conheci alguém que tivesse se preparado para isso. Eu não entendia a ligação entre tristeza e realidade. Nossas maiores dores muitas vezes são causadas por mortes ou por relacionamentos difíceis com filhos, pais, cônjuges ou amigos. O sofrimento chega até nós por meio de afluentes que Deus criou para nos dar vida, mas que algum demônio usa para tentar nos afogar, substituindo a água pura por fétidas torrentes pantanosas. E, quando as dificuldades parecem pesadas demais, dolorosas demais e frequentes demais, queremos saber como Deus será capaz de transformar tudo isso em coisas "para o bem daqueles que o amam" (Romanos 8:28).

## O valor dos problemas

O blues é um dos estilos musicais mais bonitos do mundo. Notas e refrões melancólicos, perdidos, sinceros, sofridos celebram as tristezas e as pequenas alegrias da vida. Um beijo da amada. Uma xícara de café quente. O toque da sirene anunciando o fim de um dia de trabalho exaustivo. Sem a música seria muito mais fácil entregar os pontos e morrer. Sua alma sabe que você deve cantar para viver. *Ouça*. Essa é a canção de suas tristezas, mas também é a música que celebra sua vida. É a canção do seu Criador entremeada com a sua, uma melodia profunda que existe dentro de você e que ninguém mais pode cantar. Alguns homens nunca cantam a própria canção. Certos homens só cantam as canções alheias, outros nem sequer cantam.

Peça às pessoas que relatem os fatos mais difíceis de suas vidas e descobrirá histórias de tirar o fôlego, feitas de fraqueza, fracasso, tristeza e pesar. Os que sobreviveram raramente sabem como conseguiram escapar da dor, como viveram em meio às tempestades, como recuperaram a vontade de viver depois de terem sido atingidos pela tristeza avassaladora. Pode ter sido uma palavra ou o toque de um amigo que os sustentou, ou alguma outra coisa que proporcionou uma centelha de esperança.

O que essas pessoas aprenderam com as dificuldades? Será que os valores que descobriram superam o custo de suas tristezas? Ninguém jamais diz que gostaria de repetir essas experiências, no entanto, a maioria esmagadora afirma que não quer perder o que ganhou com os momentos difíceis.

Dessa maneira, a verdadeira espiritualidade pode surgir de forma inesperada. Em uma noite de verão em nosso bairro, enquanto uma família velava o filho de 21 anos, cuja morte trágica não fazia sentido, duas casas mais abaixo um grupo de mulheres celebrava o noivado de uma jovem. Se "é melhor ir a uma casa onde há luto do que a uma casa em festa" (Eclesiastes 7:2), como escreveu Salomão, o que devemos aprender com a tristeza? O que ela nos dirá enquanto nos contorce e despedaça o que pensávamos ser uma vida boa? O que a tristeza causada por divórcio, suicídio, doença, ruína financeira e isolamento quer nos ensinar? O sofrimento acaso nos protege de algo pior? É um tipo de sistema de alerta? Será o pesar o portal para uma paz fugidia, a entrada para algo melhor? Não há respostas fáceis.

Para impedir que nossa dor se torne debilitante, fazemos quase tudo para evitar o sofrimento. Nós nos medicamos, nos retraímos, criamos mentiras elaboradas e inventamos negações plausíveis para administrar nossa bagunça. Essas manipulações logo podem ganhar vida própria. Tenho absoluta certeza disso.

A reação à dor e à tristeza pode ser involuntária, como um espirro ou um grito. As crianças reagem rapidamente em caso de dor. Nós, adultos, não agimos de forma tão imediata, pois tendemos a calcular nossas reações. Uma grande tristeza fica vagando pelos recantos selvagens de nosso coração até se tornar um grito agudo no meio da noite. Temos medo *dessa* canção, dos nossos uivos e berros e dos gemidos e gritos tristes dos outros. Abafamos o som de nosso coração para não termos de enfrentar os lamentos de nossa alma.

Jesus quer viver conosco em nossa tristeza. Na verdade, ele veio ao mundo para nos libertar, não para nos ajudar a negar que estamos aqui. A sinceridade e a verdade são os únicos lugares onde há espaço para que Cristo exista. Se não houver verdade, ele precisa se retirar, ficar de fora da nossa dor. Embora ele possa nos consolar colocando sua mão bondosa em nosso ombro, ele só pode viver no centro de nossa dor quando estamos prontos para confessar toda a experiência da vida.

Somos mais fracos do que pensamos e permitimos que nossas tristezas nos definam. O silêncio nos confina; o cansaço nos imobiliza. Como as tristezas nos sufocam, nos tornamos presas fáceis. Desperdiçamos a alegria, que é nossa força e proteção. Precisamos, portanto, convidar Jesus a penetrar no sofrimento e na tristeza de nossa alma, assim como ele nos convida a fazer o mesmo. Ele está ligado à nossa dor, e nossa dor está ligada a ele. Ele se torna presente, encarnado; nós nos tornamos presentes em seus gritos, em suas preces, em suas lágrimas e em sua solidão em Getsêmani, o lugar na Terra que melhor representa o tormento de todo coração partido. Ele quer que desejemos compartilhar seu sofrimento porque já estamos presentes no sofrimento dele – e é lá que localizamos nossa individualidade, nossa humanidade e nós mesmos. É lá também que nossa identidade imortal é encontrada, preservada e satisfeita. A tristeza possibilita uma aproximação com Deus que não obteríamos de outra maneira.

O escritor Robert Benson fez uma brilhante afirmação a respeito desse assunto: "Toda vez que procuro Deus, encontro a mim mesmo." Isso porque Deus é o único que pode lhe revelar o *você verdadeiro*. Devemos nos consolar com o fato de ele ser "um homem de dores e experimentado no sofrimento" (Isaías 53:3), pois nós também somos. Até termos mais discernimento, nos escondemos dele. Mas, quando dizemos em prece "seja feita a vossa vontade", damos permissão ao Sagrado para moldar à sua imagem aquilo que tornamos profano. Naquele breve momento de sanidade, pedimos a ele que desconsidere todos os outros momentos insanos da nossa vida. Algumas vezes não seremos capazes de fazer essa prece, talvez não consigamos dizer prece alguma. Pedimos a ele que ouça essa oração e que ignore todas aquelas que possamos vir a fazer nos momentos de dor e sofrimento. Essa, irmãos, é a prece de um homem entregue a Jesus, despreocupado com seu bem pessoal mesmo sabendo que isso pode estar em jogo, porque Deus só fará conosco o que de fato for o melhor para nós. Isso não é teoria. Não é mito. É a realidade viva do amor e do carinho de Deus por sua família, que ele orienta para chegar ao destino que ele criou. Será que ainda não sabemos que não podemos fazer isso sozinhos?

---

Quando dizemos em prece "seja feita a vossa vontade", damos permissão ao Sagrado para moldar à sua imagem aquilo que tornamos profano.

---

Na companhia do sofrimento de Cristo, encontramos uma amizade verdadeira, uma tristeza autêntica e um consolo confiável. Essa amizade espiritual pode ser o que mais se aproxima de um lar na experiência mundana e é o portal para a alegria e a paz. Depois que vivermos essa experiência junto com nossos irmãos e formos revigorados, Jesus nunca mais será uma abstração.

Durante um jantar com um casal de amigos, percebi que pedir a Jesus que penetre em minhas tristezas é tão simples quanto convidar meus irmãos para partilhar a minha dor. Quando fiz isso, esses dois amigos que eu conhecia havia mais de 30 anos falaram como velhos e sábios sacerdotes enviados por Deus: "Tudo o que você precisa fazer é amar esse sujeito que o está magoando. Você não pode atingi-lo por meio da razão, mas ele não será capaz de resistir ao amor." As vozes e as risadas deles soaram como se viessem de Jesus. Os conselhos que me deram, a paz que levaram ao meu conflito, a bondade que dividiram comigo, o pão e o vinho que compartilhamos – todas essas dádivas se tornaram a mesa da presença de Deus. Jesus, presente nesses irmãos e vivendo por meio deles, restaurou minha alma cansada e reafirmou a verdadeira narrativa da minha vida.

## O amor dá mais do que tira

Tristeza e alegria podem existir separadamente, mas isso quase nunca acontece. Verdade e liberdade só podem existir juntas. É a lei de Deus. Obtenha a liberdade sem verdade e você se tornará escravo de seus desejos. Passará a ser escravo de ilusões que contradizem a própria ideia de liberdade. Use a verdade para pressionar os outros e você os verá em estado de revolução. A história de ditadores e maníacos por controle mostra que eles têm medo da associação entre verdade e liberdade, têm medo do amor, medo de perder algo que possuem, que tomaram de maneira ilícita, a que eles não têm direito. A liberdade estimula a verdade. A verdade gera liberdade. Verdade e liberdade destroem ilusões. Tristeza e alegria fornecem a canção com a qual celebramos nossa liberdade e os prazeres da vida.

Obtenha a liberdade sem verdade e você se tornará escravo de seus desejos. Passará a ser escravo de ilusões que contradizem a própria ideia de liberdade.

Ao declarar que é o caminho, a verdade e a vida (João 14:6), Jesus enfrenta todas as mentiras e manipulações, toda a morte, todas as tramas e intrigas, toda fraude e todos os espíritos religiosos. Ele destruirá toda fortaleza do mal. Como representação exata do Pai, nada é seu rival ou seu igual. Nenhum plano dele pode ser frustrado. Nada pode contorná-lo, pois ele bloqueia o caminho. Ele é a porta e, além dele, está a vida. Ele exige que todos os que entram na vida se curvem à sua frente em sinal de arrependimento. Ninguém que algum dia se curvou com humildade e tristeza foi rechaçado. Diante de cada um de nós há uma cruz – a cruz sagrada de Cristo – e precisamos encontrar sua cruz se quisermos encontrá-lo.

A cruz, para ele e para nós, é um símbolo de enorme tristeza. Diante dela, Jesus abriu mão da vida, da grandeza e da presença do seu Pai. Ele se tornou vazio, desistindo de todo e qualquer direito por nós. Quando encontramos a cruz, fazemos o mesmo. Abrimos mão de nossa reputação, de nosso caminho, de nossa rebeldia, de nossas máscaras, de nosso falso eu e da pouca grandiosidade que possuímos. Sobretudo, abrimos mão de nossos desejos distorcidos para que eles sejam substituídos por algo novo.

Até isso acontecer, não sabemos como essa troca será importante e satisfatória. A cruz se torna nosso passaporte para a alegria. O amor sempre nos dá mais do que tira, e o puro amor do Pai exige que entreguemos nossos pertences mais preciosos para que ele possa nos oferecer seu legado. Acima de qualquer coisa, essa herança que recebemos é a presença de Jesus em nossa existência cotidiana, mas, logo em seguida – e igualmente importante porque não podemos nos separar da sua bondade –, vem a bênção dos irmãos, homens que receberam sua própria herança e foram libertados. Todas as outras bênçãos fluem até nós e através de nós porque Jesus está vivo, nos amando aqui e agora.

## Pão cotidiano para tristezas cotidianas

Quantos homens realmente cheios de alegria você conhece? Você consegue citar pelo menos um? Jesus disse que veio à Terra para que sua alegria possa estar em nós e para que nossa alegria possa ser completa (João 15:11), mas, quando olho à minha volta, não é exatamente alegria o que vejo. Esse é apenas um dos motivos de eu falar tanto sobre celebração, sobre levar o pão de cada dia à rotina cotidiana e transformá-lo em um banquete e em prazer.

Depois que os homens descobriram que são amados por Deus, restou uma grande necessidade de alegria, pois seus medos e tristeza o invadiram. Estou cansado do mantra cristão que diz "Deus está mais interessado na nossa alegria do que na nossa felicidade" e que se tornou uma desculpa para o fato de os seguidores de Jesus serem tão rabugentos e exigentes. Tornamos até a espiritualidade um processo triste, como se estivéssemos nos divorciando de Deus. Poetas e compositores sabem que é mais fácil escrever algo triste e obscuro do que criar beleza e alegria. Talvez seja porque nossas tristezas parecem muito concretas, tangíveis e sempre presentes, ao passo que a alegria continua sendo fugidia. Na minha opinião, é mais provável que os homens fiquem presos em seu sofrimento do que caminhem além "do vale das sombras".

Quando eu tinha vinte e poucos anos, me desencaminhei de uma forma que só um jovem sozinho em uma cidade estranha pode fazer. Depois de acordar de uma noite triste e insatisfatória nos braços de uma mulher que mal conhecia, dirigi para o trabalho com lágrimas escorrendo pelo rosto. Não conseguia enxergar direito a pista, estava desesperado e suplicava a Deus que me ajudasse. No momento em que pedi ajuda, um lindo azulão bateu no para-brisa e caiu morto na estrada. Os azulões sempre foram meus pássaros favoritos; por ser daltônico, tinha dificuldade de identificar os outros pássaros, mas a cor vibrante dos azulões sempre me chamou a atenção. Quando clamei por Deus naquela manhã e meu belo amiguinho bateu no vidro do carro uma fração de segundo mais tarde, lamentei: "Deus, por quê? Por que aquele pássaro inocente teve de morrer?" Naquele momento, ouvi o seguinte pensamento: *Toda vez que você peca, algo bonito morre e para de cantar.*

Se isso é verdade, o que me surpreende é quanta morte acontece enquanto um homem está aprendendo a viver. Meu pai costumava dizer que havia muitos homens mortos andando por aí, sujeitos que perderam o coração, que aos poucos se entregavam aos vícios letais. É fácil entender isso quando falamos das grandes falhas morais, mas isso também vale para os pequenos delitos que cometemos diariamente e que adotamos como parte de nosso caráter. Quer você desperdice sua vida "aos poucos" ou em um momento de falha colossal, a canção do seu coração irá parar de tocar, lentamente. Seu coração vai matá-lo, a menos que algum remédio impeça o processo.

---

Toda vez que você peca, algo bonito
morre e para de cantar.

---

No funeral da minha mãe, o pastor perguntou aos quase quinhentos convidados quantos deles haviam feito uma refeição na casa dos meus pais. Embora provavelmente houvesse algumas, não conseguimos ver ninguém cuja mão não estivesse levantada. Nossa mesa, durante 45 anos, acolheu todos aqueles que nos procuraram.

Da mesma maneira, a mesa do Senhor representa a restauração e a acolhida calorosa quando o pássaro de sua vida cai morto na estrada. Inimigos se aproximam para nos roubar, matar e destruir, mas Jesus oferece seu corpo ferido e seu sangue para transformá-los naquilo que celebramos como o pão de cada dia para tristezas cotidianas. O fato de vinho e pão, os símbolos da *alegria* e da *vida* nos quais estão contidos os mistérios sagrados de Deus, terem esse significado é uma realidade que só Deus poderia conceber. Recebemos o remédio sagrado, o mistério sagrado, e os oferecemos uns aos outros. Aceitamos Jesus e obtemos o direito de nos tornarmos filhos de Deus. "Façam isso em minha memória", disse Jesus, pois na sua presença a alegria é plena. Talvez a mesa de sua casa possa se tornar – se já não for – a mesa do Senhor, não apenas para você e sua família, mas também para os outros.

Aqueles que estão morrendo ou já morreram por causa de seus pecados e de sua tristeza também recebem o chamado de Jesus, pedindo-lhes um lugar em suas mesas. Dessa maneira, ele transforma tristeza em alegria, pesar em dança e destrói a morte no coração dos homens. Nada reflete com mais clareza a vida de Jesus do que as lágrimas de um homem que desfruta o banquete da mesa do Senhor.

Talvez caiba à tristeza nos preparar para as alegrias do paraíso e nos transformar em crianças que podem entrar no reino de Deus.

## CAPÍTULO 9

# Os anos difíceis

*Aquele que escapa do moinho que mói devagar e miúdo deve se entregar ao martelo e cinzel; pois aqueles que se recusam a ser pedras do templo vivo devem ser moídos até virar sua argamassa.*

George MacDonald, *Castle Warlock*

Alguns homens querem viver na luz. Outros preferem a escuridão. Outros gostam da meia-luz, onde há escuridão suficiente para encobrir suas más intenções e luz o bastante para convencer os outros de que eles querem fazer o que é certo.

O que vou contar a seguir é a história de três traições e algumas lições duras, mas transformadoras. Não se trata do que aconteceu comigo, mas do que aconteceu *dentro* de mim.

Muitos anos atrás, eu estava desiludido com a vida e surpreso com o vazio que comecei a sentir. No momento em que eu achava que iria começar a aproveitar a vida, tive de investir dinheiro, tempo, força e emoções em coisas totalmente desconhecidas. O que é exatamente essa etapa da vida que chamo de "os anos difíceis"? Eles englobam a época em que as necessidades que os homens têm e os desafios que enfrentam na família, nos relacionamentos e nos negócios são maiores do que nunca, ao passo que sua capacidade e seus recursos para lidar com tudo isso estão minguando.

A entrada do homem na meia-idade pode ser algo brutal. É um refinamento do caráter, não como o delicado polimento de um diamante, mas algo parecido com o lixamento para eliminar a ferrugem de uma peça de aço. Os homens que conheci não falavam sobre suas jornadas dentro desse labirinto. Meus filhos estavam saindo de casa, abalando minha estrutura familiar; o espelho passava a refletir rugas e sinais de estresse; o trabalho parecia claustrofóbico, uma sentença irônica das escolhas erradas feitas na juventude; a igreja se tornou um dever entediante e vazio; era como se um roedor destruidor de almas tivesse sido libertado para corroer meu coração e minha identidade cuidadosamente construída.

Quando os homens menos esperam, a vida fica difícil. Os anos que pensamos que seriam cheios de paz e satisfação se tornam os anos das nossas maiores lutas e mais profundas ansiedades. Incertezas crescem até se tornarem grandes dúvidas. Os filhos escolhem caminhos que levam à dor e a lições de vida que eles precisam aprender, e não podemos fazer nada a não ser observar, rezar e ficar de prontidão caso eles peçam ajuda.

Ninguém nos falou sobre esses anos; ninguém nos preparou para enfrentá-los. Nem nossos pais, amigos, professores ou pastores, muito menos as máquinas de produzir sonhos que nos convenceram de que poderíamos ser o que quiséssemos. Ninguém prometeu que íamos gostar do que nos tornaríamos se nossos sonhos se realizassem.

Deixei a fazenda em 1970 em busca dos meus sonhos, trabalhei dois anos em construções e um dia abandonei o trabalho sem avisar nada a ninguém. Algo estava errado com o mundo e eu sabia disso. Tenho a maior admiração pelos homens que trabalham na linha de montagem, que dedicam 30 ou 40 anos de suas vidas a nossas fazendas e fábricas por amor e compromisso com o sustento da família. Naquela época, no entanto, eu desprezava essa vida e sabia que nunca conseguiria viver dessa maneira. Tinha certeza de que não estava destinado a passar décadas fincando aço, despejando concreto ou trabalhando naquela rotina entediante até que meu coração e meus sonhos morressem. Hoje em dia, tremo só de pensar nas coisas que eu dizia naquela época. A arrogância, previsivelmente, cobra caro por suas indulgências.

Alguns meses antes de completar 21 anos, cheguei a Nashville, a Cidade da Música. Meu plano era ficar lá por um ano e depois seguir em frente, abrir algum tipo de empresa ligada à música, ficar rico, ter uma família com cinco filhos e viver como todo homem merece: sendo admirado e amado por todos à sua volta. Por causa do meu sucesso, eu seria respeitado na comunidade. Evitaria as fraquezas comuns aos outros homens. Ganharia a estima dos demais contornando sabiamente erros que desencaminham e destroem as criaturas inferiores. Minha mão estava segurando com força o leme do meu próprio destino, então me despedi dos meus anjos da guarda.

Uma noite, tive um sonho, o primeiro de vários tão vívidos e com significados tão profundos que eu não era capaz de compreender. Eu estava de volta à fazenda, arando em meio à grama alta, dirigindo o velho trator. Eu parava debaixo de uma árvore para catar alguns galhos, pulava do trator, dava alguns passos para a frente e quase pisava em uma cobra venenosa que estava enrolada e pronta para dar o bote. Pouco antes de pisar nela, um galho caía da árvore e matava a cobra. Liguei para minha mãe para perguntar o que aquilo significava. Ela disse que Deus estava me protegendo do perigo, uma ameaça que eu desconhecia e da qual não era capaz de me proteger. Ela disse que não se tratava de uma experiência única, mas de um símbolo de que Deus me protegeria à medida que eu fosse aprendendo a entregar minha vida a ele.

Dizer que me desencaminhei enquanto buscava meu caminho é, no mínimo, um eufemismo. A verdade é que eu estava totalmente confuso, absorvido por mim mesmo, privado da orientação dos meus irmãos mais velhos, com exceção de um deles, provando que nenhum homem dispõe do que é necessário para viver sozinho. Nos dias e noites solitários que cobriam minha vida como uma mortalha, havia muitas vozes, mas não muitos amigos. Uma dessas vozes, a de um homem que achei que fosse meu amigo, me convenceu a fazer um empréstimo e a investirmos juntos numa fazenda. Segundo ele, em alguns anos poderíamos vender o gado e as terras e obter um ótimo lucro. Eu sabia administrar uma fazenda e podíamos contratar alguém para morar lá. O que tínhamos a perder? Podíamos aproveitar as alegrias dos sonhadores, os benefícios sem muito trabalho. Parecia um modo de ser mais esperto do que a maldição do Éden.

Eu estava prestes a aprender que a vida é como uma fornalha em atividade. Não podia haver um momento mais equivocado para investir em uma fazenda caindo aos pedaços no meio do nada. Ou para esperar que minha mãe gostasse da garota que eu estava namorando. Ou para pensar que Deus não se importava com os excessos cada vez maiores da minha vida. Ou para confundir camaradagem com amizade. Meu mundo caiu na noite em que meu amigo e minha namorada me informaram que estavam apaixonados e que iam se casar. E, a propósito, eles não iriam pagar mais nenhuma prestação da fazenda, que seria leiloada em trinta dias.

Traído pelos amigos, passei o resto daquela noite no celeiro, arrasado, chorando até minhas lágrimas secarem. Imagine a cena: um filho pródigo, um garoto de fazenda com o coração despedaçado, chorando com o rosto enfiado nos resíduos de um celeiro. A ironia era clara. Deus sabe como fazer as coisas. Durante a longa noite, percebi que o que Deus deseja para mim é *sempre* melhor do que qualquer escolha que eu faça para mim mesmo. Ele me abençoou por meio daquelas circunstâncias desesperadoras. Descobri que minhas fraquezas não eram quebras de contrato com Deus, mas os pontos em que eu vivenciava sua ternura. Quando o dia raiou, abri os olhos para a glória e a beleza da luz da manhã sabendo que Deus estava comigo. Ele se sentia em casa em estábulos humildes e tinha ido encontrar seu filho.

Deus usou a traição para criar em mim uma consciência e uma tristeza que geraram mudanças valiosas em minha vida. Quase dois anos se passaram desde que o leilão da fazenda me deixou profundamente endividado. Dois anos sem um único pedido de desculpa. Dois anos me apoiando no que eu havia aprendido na sujeira do celeiro até que ouvisse boas notícias que realmente me empolgaram. Aqueles dois traidores se arrependeram de sua conduta e entregaram suas vidas a Cristo. Por que Deus era tão bom para eles? Por que ele os receberia? Como ousava salvá-los? Se a fé deles fosse autêntica, mesmo que superficial, eles teriam me pedido desculpa, teriam me procurado humildemente e implorado perdão. Então, deduzi que era tudo falsidade. Mas Deus ainda tinha uma lição para me ensinar.

Pouco depois, descobri que meus "amigos" estavam planejando participar de uma conferência à qual eu também iria. Pensei em cancelar, mas não seria possível. Então decidi evitá-los a todo custo. Cheguei à conferência, fui de carro até meu alojamento e estacionei na última vaga disponível – e encontrei-os bem na minha frente, sentados a uma mesa a alguns metros de distância. Antes que eu pudesse engatar a marcha a ré e fugir dali, eles me viram. Saí do carro. Eles me abraçaram e imploraram perdão. Disseram que haviam encontrado a fé e queriam me agradecer, que eu fui a primeira pessoa que eles conheceram que era realmente um seguidor de Cristo. Como aquilo podia ser verdade, perguntei, já que eles conheciam *todos* os meus pecados? Eles afirmaram que apenas sabiam o que se passava no meu coração. Então comecei a chorar, livre da mentira de que Deus esperava que eu escondesse minhas fraquezas. Na verdade, ele podia me influenciar mais se eu vivesse na verdade e não nas sombras. Aquela foi a terceira lição da primeira traição. Se Deus usava um filho pródigo como eu para atingir seus objetivos, a vida era muito mais interessante do que eu imaginava.

Contei essa história porque, na época, deduzi que aquela lição havia me ensinado tudo o que eu precisava aprender. Mais de 20 anos se passaram. Deus me deu uma família, uma mulher capaz de tolerar minhas excentricidades, uma pensadora pragmática que ama as pessoas tanto quanto eu. Os filhos vieram e cresceram e as sementes de uma amizade vitalícia foram plantadas com três outros casais cujas vidas se entrelaçaram com a nossa. Os negócios prosperaram e nos proporcionaram estabilidade financeira, apesar dos altos e baixos do mundo empresarial. Vivenciamos tanto alegrias quanto tristezas. Descobrimos mais sobre nossas fraquezas e aprendemos a rezar. "Seja feita a vossa vontade" e "Faça o que quiser em nossas vidas para realizar seus objetivos em nós e por meio de nós". Deus ouve nossas preces, as atende e, por meio delas, cria em nossa vida a beleza que não poderia ser criada de outra maneira. Mas essas preces também são perturbadoras, até mesmo perigosas, se você pensar que a vida neste planeta imperfeito é uma versão em miniatura da Terra Prometida e esperar remar sua canoa em um lago de águas tranquilas, sem ventos nem surpresas, sem precisar que Jesus apareça, caminhando sobre suas águas revoltas para dizer: "Paz! Fique tranquilo!" Nossas águas ainda estavam revoltas.

A primeira traição é a fornalha que leva ao arrependimento e à adoção da verdade como novo padrão de vida. A segunda traição foi um fogo ardente. As Escrituras dizem que Deus é "como o fogo do ourives" que "purificará os levitas e os refinará como ouro e prata. Assim trarão ao Senhor ofertas com justiça" (Malaquias 3:2-3). Entre a primeira traição e a seguinte, aprendi muito a respeito da amizade – o que é e o que não é amizade, e o que o Senhor usa para purificar meu coração e o coração dos outros. A primeira traição foi dolorosa. Deus estava presente em cada uma, mas a segunda e a terceira foram dilacerantes.

## Os anos difíceis

Precisamos mais de nossos irmãos durante a meia-idade do que em qualquer outra fase da vida, porque esse é o momento em que mais estamos sozinhos. Esses anos se tornam difíceis quando ainda não aprendemos a nos apoiar uns nos outros, quando homens confiantes começam a se questionar sobre tudo aquilo em que acreditam. É um período em que os homens se tornam cansados, irrequietos e temerosos ou então acreditam que, por causa de seu histórico de sucessos, são invencíveis. Eles enfrentam como nunca o mistério e a incerteza. Embora essa seja a época em que os homens mais buscam um sentido para suas vidas, é também o momento em que vivenciam a maior traição. Talvez seja por causa de sua fragilidade emocional, ou então porque Deus usa os relacionamentos confusos para ensinar alguma lição vital. Seja como for, a traição é uma das piores experiências pelas quais podemos passar.

Precisamos mais de nossos irmãos durante a meia-idade do que em qualquer outra fase da vida, porque esse é o momento em que mais estamos sozinhos.

Muitos anos após termos nos mudado para uma casa nova, a vida era maravilhosa. Os vizinhos eram agradáveis e as crianças eram ótimas. Estávamos criando uma pequena comunidade, um ambiente seguro e carinhoso para nossas crianças, um lugar para acalentar os sonhos que criamos para nossos entes amados – e nos orgulhávamos de tudo aquilo. Frequentávamos a igreja com dedicação e celebrávamos nossa liberdade, mas nossos corações não estavam livres.

Igrejas em toda parte estavam promovendo a ideia de grupos de homens que mudariam o mundo. As mulheres estavam satisfeitas por verem seus maridos cuidando de seus problemas. Essa, na verdade, era uma receita para o desastre. Meu grupo de amigos, que se reunia todas as terças-feiras na varanda da minha casa, logo provou a grande falácia por trás dessa bela ideia.

Resumindo a história: um de nossos amigos confessou que vinha mantendo um relacionamento extraconjugal com uma mulher mais jovem. Imploramos a ele que a deixasse e salvasse seu casamento. Dissemos que, se ele saísse dali naquela manhã, nunca mais o veríamos, não porque não quiséssemos, mas porque as escolhas dele o afastariam de nós e daqueles que o amavam. Dissemos que, como resultado de seu comportamento, ele não se sentiria mais bem-vindo nem amado entre nós, não porque deixaríamos de acolhê-lo, mas porque essa é a natureza das coisas distorcidas. Então ele declarou que sentia muito, mas entrou no carro, virou à esquerda em direção à autoestrada e sumiu no mundo. Quase não o vimos desde então. A cadeira vazia em que nosso irmão se sentava ficou cheia de tristeza. Mas não fomos atrás dele e não o trouxemos de volta.

As conversas nas manhãs de terça-feira continuaram a preencher as lacunas em nossas vidas, mas o discernimento não era o nosso forte e não sabíamos muito a respeito de amizade espiritual. Ainda estávamos perdidos entre os deveres religiosos e a tentativa de consertar o que estava quebrado em vez de convidar Jesus a entrar de forma que pudéssemos ser perdoados e curados em vez de consertados. Então, quando outro amigo nos falou sobre um fantasma interior que não conseguia mais controlar, entramos em ação e conseguimos fazer com que ele procurasse ajuda. Seu casamento foi restaurado, sua família foi preservada, mas ele nunca mais participou das conversas na varanda. Naquela época, eu não entendi por quê, mas agora entendo. É porque não encarávamos nossas fraquezas e não sabíamos nada sobre a verdade. Talvez não tivéssemos nada a oferecer, mas as circunstâncias que se seguiram pareciam ter sido projetadas para nos livrar da vergonha e da fachada do que tentava se passar por espiritualidade. Ideias sobre igreja e Jesus floresciam, mas Jesus não era o centro da nossa vida.

O grupo da varanda foi minguando, mas sobreviveu por mais alguns anos. Soubemos que um dos participantes havia sido preso por causa de vários delitos cometidos durante as férias. Sua vida estava em perigo no cárcere e vários amigos estavam a caminho para levá-lo de volta para casa. Fiquei atônito e arrasado. Eu não tinha palavras para descrever o que estava sentindo. Nunca esperei que ele fosse perfeito, mas aquilo estava além da minha imaginação. Eu achava que conhecia suas dificuldades, mas, obviamente, eu não fazia ideia da batalha que ele estava travando e que acabou perdendo. Na terça-feira seguinte, fiquei sentado por muito tempo na varanda, gemendo, sozinho como um homem sem amigos e sem consolo.

Enfim, as trevas venceram e, um a um, fomos abandonando a varanda, destroçados por uma magnitude reservada àqueles que tentam fazer deste mundo um lar perfeito. Nossa experiência falhou. Traímos nosso próprio ideal, fomos incapazes de sustentá-lo e os danos colaterais começaram a aparecer. A pior tristeza da história do grupo aconteceu quando um amigo negou sua fé e tentou convencer as pessoas de que Jesus Cristo e Deus não passavam de uma grande farsa. Foi o início de um momento conturbado em nossa pequena comunidade. Alguns homens colaboraram para a devastação de nosso ideal ficando em silêncio, outros aderiram ao fanatismo religioso. Nossos jovens foram abandonados, se perguntando o que havia acontecido com seus pais e líderes espirituais. "Os anos difíceis" chegaram como uma praga. Foi o segundo grande golpe que sofri.

Você poderia dizer que os nossos problemas eram meramente morais, e alguns eram mesmo. Havíamos chegado a um ponto em que a teologia sistemática não podia ajudar. Nosso grupo foi vítima de um pensamento falho e de conversas que, em retrospecto, parecem em sua maioria irrelevantes. "Pense o melhor dos outros até ter motivo para fazer o contrário" era parte da nossa filosofia. No entanto, esse código social bonitinho é o primeiro passo para a cegueira espiritual. É melhor dizer adeus à amizade e aos grupos de discussão se estiver vivendo uma ilusão que não permite que você observe a verdade a respeito de si mesmo e de seus colegas. Leon Tolstói, em seu romance *Ressurreição*, diz: "Os homens são como rios: feitos todos com a mesma água." Os homens compartilham uma base comum, mas eu ainda não sabia disso. Minha jornada pela amizade estava apenas começando, mas era como se eu caminhasse na neblina. Eu ainda passava muito tempo em companhia de outros homens, mas estava gostando cada vez menos daquilo. O silêncio e as conversas sobre esportes eram as formas predominantes de comunicação masculina à minha volta.

## Atiçando o fogo

Depois de vivermos grandes tristezas, Deus nos guia até córregos tranquilos e nos faz descansar antes da próxima escalada. Durante cerca de um ano, as coisas ficaram bastante calmas. Os negócios prosperaram, mas eu estava vazio e cansado das pressões cotidianas, então deleguei tudo o que podia a uma equipe de confiança no escritório. No início daquele ano, escrevi as palavras: "vivo e sedento". Alguns meses depois, enquanto caminhava no gramado atrás da minha casa, as palavras que Jesus pronunciou pouco antes de Pedro negar conhecê-lo atingiram minha cabeça como um raio: "Simão, Simão, Satanás pediu para peneirá-lo como trigo. Mas eu orei por você, para que a sua fé não desfaleça. E, quando você se converter, fortaleça os seus irmãos" (Lucas 22:31-2). Aquela interrupção foi real e pessoal. Eu parei e disse: "Nããããão! Nããããão!" Pensei em Pedro e no famoso galo, que cantou como um prenúncio da traição. Depois acrescentei: "Deus, se este é realmente *você*, tudo o que peço é que o teste não seja tão severo a ponto de eu negá-lo."

Apesar do efeito do fogo fundidor, eu estava prestes a entrar na fornalha, o lugar no qual vida e morte tiram tudo o que você tem, no qual Deus não permite que você morra, embora você se ofereça como voluntário para a morte. Mas ele também não sai do seu lado, embora você não sinta sua presença. Até aquele momento, eu não sabia como perdoar da forma como Deus deseja que perdoemos uns aos outros. Será que ele realmente quer que amemos inimigos maldosos, aqueles que nos magoam propositalmente e os que desejam nos destruir? Dante, em seu *Inferno*, reserva o nível mais profundo do tártaro para aqueles que traem os amigos. É onde Judas está, para você ter uma ideia. É exatamente para lá que eu queria mandar aqueles que me magoavam.

A terceira traição que vivi ocorreu nos negócios e foi protagonizada por amigos a quem atribuí responsabilidade e autoridade suficientes para destruir o que eu havia levado quase 30 anos para construir. Intriga era a "nova ordem mundial" deles. Dívidas forjadas e queda de produtividade enfraqueciam a empresa enquanto eles criavam uma companhia paralela para assumir os negócios quando a minha falisse. Durante mais de um ano, tive pavor de ir para o escritório, mas não entendia por quê. Às vezes, as pessoas inconscientemente sabem que há alguma coisa errada, e eu tinha essa sensação. No dia seguinte após a tragédia de Columbine, no qual alunos morreram e famílias tiveram de enfrentar uma dor que nunca haviam imaginado, um dos meus colaboradores entrou na minha sala e disse: "Outro tiroteio. Isso vai ser bom para os negócios." Eu não podia acreditar no que acabara de ouvir. Poucas horas depois, fui visitar um amigo que perdera uma filha na chacina, e o contraste entre o sentimento que eu tinha por ele e a afirmação demoníaca daquele homem parecia a diferença entre o paraíso e o inferno. Fiquei arrasado.

Uma ou duas noites depois, três amigos apareceram na minha casa e disseram: "Precisamos conversar sobre a empresa. Sentimos que as coisas estão piores do que você pensa. Queremos que você nos conte tudo o que sabe, tudo o que acha que está errado e vamos ajudá-lo a descobrir o que realmente está acontecendo. Estamos com medo de que não tenha tempo suficiente para salvá-la." Aqueles três homens - meu banqueiro, meu contador e um consultor - conheciam bem a empresa. Revelei a eles minhas suspeitas, meus temores e os indícios que apontavam para uma catástrofe, inclusive supostas irregularidades fiscais, dívidas crescentes, um possível roubo de direitos de propriedade intelectual e questões éticas. Alguns dias mais tarde, meu mundo desmoronou. Arquivos de computador recuperados confirmaram o que eu temia: *não se deve confiar nos homens.*

Lidar com a o turbilhão emocional foi uma coisa, resolver o problema da quase falência da empresa foi outra, mas perdoar aqueles que eu havia considerado meus irmãos cristãos foi a parte mais difícil. De onde eu venho, os homens não tratam os inimigos dessa maneira, muito menos os irmãos. Mais de dois anos se passaram enquanto o pêndulo da minha alma oscilava entre a amargura e o perdão. Eu estava numa encruzilhada e perdoar repetidas vezes não parecia ajudar. Eu não imaginava que o vazio pudesse ser tão absoluto. Se eu não conseguisse me libertar daquela situação, minha alma morreria.

Então, durante um retiro em Nova York, Jack Deere me contou a história de um homem muito endividado que teve suas dívidas perdoadas e foi libertado da prisão. Ao se ver em liberdade, procurou um companheiro que lhe devia uns trocados. Como este não podia pagar, o homem o colocou na prisão. Quando o rei que o havia perdoado descobriu aquela crueldade, jogou-o na prisão novamente até que pagasse cada centavo de suas dívidas. Eu já havia ouvido isso várias vezes, mas a moral da história - "Assim também fará meu Pai celestial a vocês se cada um de vocês não perdoar de coração a seu irmão" (Mateus 18:35) – era algo que eu nunca havia compreendido. "O que seu pai celestial fará com você?", Jack me perguntou. "Você foi perdoado e libertado, mas Deus vai colocá-lo em uma prisão construída por você mesmo a menos que perdoe os irmãos que pecaram contra você."

Perdoar os sujeitos que haviam me magoado era a última coisa que eu queria fazer. Na verdade, eu não tinha certeza se perdoar era algo que eu *poderia* fazer. Mas eu estava desesperado e encarar uma sentença divina de prisão da qual só eu mesmo podia me libertar era uma emboscada perfeita. Apenas Deus pode fazer de um homem o prisioneiro e o carcereiro da prisão que ele mesmo criou para si. Então fiz minha escolha. Com a ajuda de Deus, eu perdoaria de coração todas as transgressões, naquele momento e no futuro. Numa noite fria de inverno, ajoelhei-me perante Deus e outros 300 homens, confessei minha amargura e minha incapacidade de perdoar e pedi que um idoso orasse por mim. Ele pôs as mãos calejadas na minha cabeça e rezou, eu chorei, pus de lado o orgulho, perdoei e fui perdoado. A partir daquela noite, eu era um homem livre. Só lamento ter demorado tanto.

Então, o negócio é o seguinte: se um homem pode condenar a si mesmo, ele certamente pode aprisionar a si mesmo. Se ele é capaz de encarcerar a si mesmo, também é capaz, com uma ajudinha de Deus e dos amigos, de se libertar. Quando somos magoados, a isca para voltarmos à prisão tem o aspecto e o sabor de justiça, embora seja simplesmente nosso desejo de vingança. Quando nos agarramos às mágoas, impedimos que as feridas se fechem.

Rick Wienecke, famoso escultor israelense, disse: "Precisamos de alguém que perturbe o relacionamento [entre nós e nossas feridas] para operar-se a cura." Essa pessoa pode ser sua mulher ou seu pai, seu melhor amigo, um homem idoso que abençoa os aflitos pondo sobre a cabeça deles suas mãos calejadas, ou qualquer pessoa que saiba como fazer o papel de Jesus quando você estiver precisando.

Olhando para trás, percebo que meus fracassos pessoais em relação aos meus irmãos foram maiores do que acreditei na época. Tentei delegar meu chamado de Deus a eles porque estava cansado, jogando sobre eles um fardo que não lhes pertencia, em vez de ajudá-los a descobrir suas próprias paixões. Eu esperava que eles participassem dos meus sonhos e dos meus sucessos, mas não me preocupava em considerar os sonhos deles. É triste admitir, mas não é surpreendente que tenham ficado amargurados em relação a mim; na verdade, não os culpo por isso. Todos nós estávamos aprendendo – na marra.

"Os anos difíceis" trazem desafios enormes, inclusive mudanças na estrutura familiar à medida que os filhos saem de casa, que mortes e divórcios deixam suas marcas, que a estabilidade no trabalho desaparece, que fraquezas insignificantes ganham corpo e trazem consequências desproporcionais, que as desilusões e as expectativas se chocam e que a realidade física e os problemas de saúde desafiam a autenticidade da vida espiritual. Em face de tantas incertezas, muitos homens tomam medidas desesperadas. Em vez de aceitar a jornada desta vida como ela é, procuram aqui a Terra Prometida, mas não a encontram. Existe uma crença de que os homens precisam passar do sucesso à relevância, mas acho que cada momento da vida é relevante. Nenhuma experiência é inútil se você receber a sabedoria e a graça reservadas por Deus.

O perdão gera um quadro essencial de entendimento sobre a natureza dos homens. Até perdoar as ofensas perpetradas contra ele, um homem não entende – nem pode entender – a si mesmo nem aos outros. Todo homem é um doador de vida e recusar-se a perdoar é como um desejo de morte, é o sufocamento da fonte emocional e espiritual da sua própria identidade. O perdão é um córrego fresco e profundo cujas águas frias aplacam o calor da raiva entre irmãos e extingue as chamas do inferno entre arqui-inimigos.

> Até perdoar as ofensas perpetradas contra ele, um homem não entende – nem pode entender – a si mesmo nem aos outros.

Jesus foi o primeiro e único Deus a morrer na cruz, principalmente para que seus inimigos pudessem se tornar amigos. Nenhuma outra criatura fez ou fará uma declaração tão clara durante o sofrimento. "Pai, perdoa-lhes" (Lucas 23:34) dividiu a humanidade em dois tipos de pessoas: aquelas que perdoam e são perdoadas e aquelas que não perdoarão nem serão perdoadas. A mais importante escolha moral que um homem deve fazer na vida chega até ele através da ponta da espada do seu inimigo.

A verdade que eu costumava desprezar, mas que agora estimo de todo o coração, é que Deus ama igualmente os traidores e os traídos. Ele não mede nossos pecados ou os calcula como uma equação matemática. Ama tanto a mim quanto àqueles a quem prejudiquei e ama aqueles que me feriram no momento em que estavam me magoando. Só quando sabemos disso é que podemos parar de nos destruir mutuamente. Só quando recebemos o amor tão surpreendente do nosso Pai é que conseguimos parar de querer nos destruir. Independentemente de quais forem as circunstâncias, deite-se nos braços dele. Ele o ajudará a superar os anos difíceis e, no final, o levará em segurança para casa.

Mas essa história ainda não está completa. Quase uma década depois, um daqueles meus ex-colegas enfrentava uma situação surpreendentemente semelhante às que eu havia enfrentado antes e veio me perguntar quanto tempo eu havia demorado para superar minha raiva. Ele queria saber se eu os havia perdoado antes ou depois de ter me livrado das dívidas. Como em *Os miserá-veis*, de Victor Hugo, estamos num caminho para restaurar nosso relacionamento como irmãos, e suspeito que passaremos o resto da vida revertendo os efeitos das irritações e descontentamentos que deixamos para trás.

## CAPÍTULO 10

# Tristeza na igreja

No começo dos anos 1970, a igreja passava por um momento complicado. Depois de duas guerras mundiais, a Guerra da Coreia e do Vietnã, todos os pressupostos acerca da tradição e do nosso modo de vida foram colocados em xeque. As mudanças sociais, o rock, o aborto, o sexo livre e a Guerra Fria também contribuíram para a desestabilização da fé e a reorganização da sociedade.

Em busca de Deus durante esses anos confusos, minha mulher, Linda, então com 17 anos, foi com uma amiga a um culto dominical em algum lugar do Condado de Orange, na Califórnia, esperando encontrar Deus e descobrir por que ele a estava perturbando e mantendo-a acordada à noite. O pastor começou a fazer um discurso político sobre Nixon, o caso Watergate e a corrupção em Washington. Mas, de alguma maneira, se esqueceu de falar de Deus. Diante disso, Linda e sua amiga resolveram se levantar e ir embora, na esperança de atravessar o corredor e sair sem serem notadas. O ministro interrompeu o sermão e quis saber aonde elas estavam indo. Linda parou, se virou, olhou para todos à sua volta e disse: "Bem, vim para encontrar Deus, mas ele não está aqui." Velhinhas se abanaram para não desmaiar, enquanto o pastor começou a discursar acaloradamente, daquela vez contra Linda. Ela fez o que toda criança esperta faz diante de um valentão: correu. O fato de sua busca por Deus ter continuado é um milagre.

Igrejas liberais pregavam justiça social e direitos civis e usavam Deus para provar que não havia problema em matar bebês e que era sua obrigação lutar pelo fim do uso de armas nucleares. Enquanto isso, as igrejas conservadoras pregavam contra o aborto, o rock and roll e todos os outros pecados que conheciam, reais e imaginários. Era errado matar bebês, mas era certo usar armas nucleares para defender nossa liberdade. A religião estava confusa, cada vertente da igreja católica pregava uma coisa diferente e Jesus parecia um personagem alheio a toda aquela discussão. Um lado do corredor cultuava a liberdade enquanto o outro cultuava a liberdade de escolha. As igrejas começaram a ser menos frequentadas.

## Recuperando a esperança e o bom senso

Afaste-se um instante de tudo isso e dê mais uma olhada nos seguidores de Jesus. Há irmãos e irmãs em toda parte do mundo, em todos os povos e tribos, que falam todas as línguas, de todos os tamanhos, de todas as cores e aparências, instruídos ou não, morando embaixo de pontes e em arranha-céus, em prisões e hospitais, em leitos de morte, famintos, dormindo em esteiras finas em cabanas ou a céu aberto – em todo lugar, nas partes mais longínquas do mundo. Nossas preces individuais e coletivas ascendem noite e dia até aquele que nos escuta e sabe o que fazer com nossos anseios. Por mais fora de controle que o mundo esteja, por mais distanciadas da fé que as crianças pareçam, Deus nunca fica preocupado, ansioso ou temeroso. No entanto, ele poderia ficar um pouco zangado com nossa dificuldade de amar e de nos importar com os outros. Talvez seja uma questão crucial a se pensar.

Lamento muito que minha geração tenha perdido tanto tempo com movimentos religiosos, fingindo que não estava confusa, enquanto lutava por influência política, como se isso tivesse melhorado alguma coisa a longo prazo. Também lamento o fato de sermos um grupo tão sem alegria, que nem sequer acredita que é amado por Deus. Essa é nossa maior fraqueza, nossa mais profunda tristeza. Sempre pergunto aos meus irmãos da igreja se eles conhecem cristãos que sejam realmente alegres. Quase todos balançam a cabeça negativamente e ficam com um olhar desolado. Para mim, um homem que sabe que é amado é alegre. Ele fará praticamente qualquer coisa por aquele que o ama e ficará cheio de gratidão por ter a oportunidade de fazer isso. Um homem que não tem certeza do amor age com raiva e se perde, militando por uma causa ou por um conjunto de regras para encontrar sua identidade. Se Cristo está em nós, então temo que estejamos ocultando seu amor, sua alegria, sua paz, sua bondade e as outras provas de sua presença que deveriam ser facilmente vistas pelos outros.

Um homem que sabe que é amado é alegre. Ele fará praticamente qualquer coisa por aquele que o ama e ficará cheio de gratidão por ter a oportunidade de fazer isso.

## Encontrando a cura depois do racionalismo religioso

Será que os cristãos liberais conseguirão alguma vez dizer que guerra *e* aborto são errados? Será que os conservadores conseguirão confessar que o patriotismo atrapalha o reino de Deus? Não podemos concordar em unir nossos corações para louvar o nome dele atendendo às necessidades dos pobres, visitando aqueles que estão nas prisões, cuidando dos sem-teto, convidando famílias desamparadas a compartilharem uma refeição, participando de projetos em escolas locais para que as crianças possam ter uma educação melhor? Podemos garantir que as empresas que criamos sejam justas e honestas? E, juntos, podemos admitir que somos todos pecadores, dividindo o pão e o vinho sagrados na presença de Jesus? Qual é a função do reino de Deus a não ser cuidar das pessoas, levar boas notícias para elas e nos fazer ver uns aos outros como irmãos que estavam perdidos e que agora se encontraram?

Não sou, de forma alguma, contra a igreja. Estou a seu favor, faço parte dela e a amo. Quer dizer, amo as pessoas, mas, como você, *não* sou a favor de uma igreja que cria suas próprias regras. Minha grande tristeza é ver que muitos homens acham a igreja entediante e estão desconectados dos outros irmãos. Na verdade, parece que não nos importamos suficientemente com eles ou que não sabemos como estar ao lado um dos outros naquela entidade que chamamos de "o corpo de Cristo". Temos pastores que nunca trabalharam fora da congregação para tentar se conectar com nossas lutas cotidianas e temos líderes que não possuem amigos íntimos nem saberiam o que fazer se tivessem um.

Ainda hoje, muitas igrejas ensinam que nosso trabalho cotidiano, nossa profissão, não é tão importante quanto "o trabalho do ministério", enquanto aplaudem aqueles que "se entregam em tempo integral ao serviço cristão". Isso é o que eu chamo de heresia. A mensagem é que a amizade não é assim tão importante e que nada se compara a ser um missionário ou um pastor de alto nível. Que pena! Bombeiros e advogados, agricultores e professores, operários e enfermeiras, técnicos e garis – eles simplesmente não alcançam um certo patamar na hierarquia divina. Acho que deveríamos punir qualquer pregador que mencione que Deus fica mais satisfeito com os "cristãos profissionais" do que com o restante de nós.

Os homens que conheço estão procurando irmãos e pais. Eles não precisam de outra causa, outra campanha nacional, outro plano para consertar o mundo, outra promessa, outra propaganda religiosa. Eles não precisam de mais métodos baseados na vergonha e na culpa. A missão do reino de Deus, articulada por Jesus, é suficiente para preencher a vida inteira de um homem, de seus amigos, vizinhos e familiares.

Interpretamos mal a mensagem de Jesus que nos diz "Sejam perfeitos como perfeito é o Pai celestial de vocês" (Mateus 5:48), achando que esse é um programa que podemos cumprir aqui na Terra. Eu ouço isso quase toda semana de algum reduto cristão. Só as pessoas arrogantes acreditam que não pecam mais, e Jesus, que proferiu tais palavras, certamente não nos daria uma bênção ou instrução que gerasse uma atitude arrogante. O que ele queria dizer, então, com "ser perfeito" como nosso Pai? Se isso se refere ao nosso desempenho, *todos nós fracassamos*. Mas se ele queria dizer que devemos desenvolver um coração como o do nosso Pai, aceitando sua ajuda para nos tornarmos completos a fim de podermos relaxar e viver a vida que nosso Pai criou para nós, então temos uma pequena chance de sermos perfeitos dessa maneira – tornando-nos continuamente perfeitos no amor, um passo de cada vez, porque *ele* é nossa fonte. A perfeição a que Jesus se refere é a *perfeição de seu amor*, e não tem relação alguma com a ideia de que precisamos – se é que poderíamos – fazer tudo certo.

Viver na presença de Cristo significa pelo menos uma outra coisa – e a vida no reino de Deus depende disso. Uma das afirmações mais surpreendentes que o Senhor fez não descreve muito bem o cotidiano de ninguém que eu conheço: "Minha graça é suficiente a você, pois o meu poder se aperfeiçoa na fraqueza" (2 Coríntios 12:9). E essa agora? Passamos a vida toda dizendo uns aos outros para nos concentrarmos nos pontos fortes e desenvolvermos nossas habilidades. Não quero dizer que você não deva aperfeiçoar seus pontos fortes, mas que, se quiser ver o poder de

Deus trabalhando em sua vida, terá que parar de esconder suas fraquezas. Na verdade, você deve ser sincero e viver na verdade, e não na ficção. Essa é a exigência de Jesus que assusta tremendamente a maioria dos cristãos.

## Torne-se amigo de Jesus

Você consegue imaginar uma igreja que não seja obcecada pela confissão baseada na vergonha, mas que seja repleta de amigos de Jesus que não têm medo de dizer a verdade a respeito de si mesmos? Conheço algumas pessoas assim e é um prazer estar junto delas, pois são suficientemente abertas para estarem presentes, suficientemente inteligentes para saberem quando falar e quando ficar em silêncio, e vivem realmente em paz, seja qual for a confusão dentro e ao redor delas. A ilusão a respeito de quem somos é uma das tendências mais perigosas da humanidade, e livrar-se dela certamente vale o preço que pagamos pela cura.

Deus não é apenas esperto; é inteligente o bastante para atingir seus objetivos. Ele incorporou o fracasso no sistema nos colocando um ao lado do outro, junto com todas as outras criaturas imperfeitas. Ele nos dá uma dádiva incrível chamada vida eterna e, depois, com um sorriso no rosto, surge ao nosso lado e nos diz para descobrirmos o caminho até ela, convivendo, nos superando e agindo como uma família até nos tornarmos um só, convidando outros irmãos confusos e mantendo Deus no centro da nossa vida. Se você quer liberdade, simplesmente aceite isso como algo normal. Isso funcionou durante mais de dois mil anos, apesar das guerras religiosas e de outras batalhas demoníacas que travamos porque nos esquecemos de algumas coisas que Jesus nos disse.

Jesus é um vinicultor e a fabricação do vinho é uma das coisas mais bondosas que ele faz. Ele criou uvas e pessoas que gostam do suco dessa fruta, e o vinho que ele criou em Caná da Galileia foi apenas seu primeiro milagre. As pessoas presentes no casamento disseram que aquele homem, Jesus, serviu por último o melhor vinho (João 2:10), ao contrário do que se costumava fazer, servir o vinho bom primeiro e, depois que os convidados já tivessem bebido bastante, o vinho de qualidade inferior. Esta é uma lição importante: devemos parar de nos preocupar em impressionar os outros, apresentando primeiro as nossas melhores qualidades.

Devemos parar de nos preocupar em impressionar os outros, apresentando primeiro as nossas melhores qualidades.

O vinho é utilizado para celebrar a vida, foi servido na Última Ceia e tem sido usado na igreja como sacramento há dois milênios para unir Jesus a seus seguidores, louvando sua presença entre nós. O fato de ele ter dito "não beberei deste fruto da videira até aquele dia em que beberei o vinho novo com vocês no Reino de meu Pai" (Mateus 26:29) é puro deleite. Algumas igrejas têm resumido a Sagrada Comunhão a rápidos goles de suco de uva e pedaços de biscoito. A Eucaristia deveria ser ao mesmo tempo um momento de arrependimento profundo e de celebração da vida. Ela deve ser um meio pelo qual penetramos em sua alegria. Porém, para muitos, trata-se apenas de mais uma entediante rotina religiosa. Que Deus nos livre da destruição!

Acho que está chegando o momento em que a maioria das megaigrejas se transformará em algo mais humano. Isso não vai acontecer imediatamente, é claro. Não chegamos a essa condição de um dia para outro e será necessário um trabalho magnífico por parte de Jesus e seus amigos para fazer a igreja voltar a ser como deveria – uma reunião de homens e mulheres compartilhando o que têm como se fossem crianças, felizes por se sentar ao lado de Jesus e deixar que ele faça seu trabalho neles e através deles. Isso acontecerá à medida que os irmãos cujos corações forem avivados reservarem para si mesmos o privilégio de contaminar os outros com amor, alegria, paz, paciência, amabilidade, bondade, fidelidade, mansidão e domínio próprio (Gálatas 5:22-23). Lembre-se: Deus é atraído por crianças e por adultos que se tornam iguais às crianças.

Que essas qualidades do espírito de Cristo existam através de vocês, queridos irmãos, como frutos amadurecendo em uma árvore, graças à bondade daquele que tanto os ama. O fato de ele lhes confiar suas dádivas diz muito sobre vocês.

## CAPÍTULO 11

# Construa seu próprio caixão

Em meados do século XVIII, os imigrantes da Europa deviam ser extremamente corajosos. Sem sistemas de comunicação nem meios de voltar para casa, eles deixaram parentes e amigos nos vilarejos onde nasceram e cruzaram o oceano em pequenas embarcações, rumo a um sonho fugaz. Muitos deles também deixaram a perseguição religiosa e a pobreza em troca da promessa de terra e liberdade. Meus antepassados suíços e alemães encontraram seu novo lar em Big Valley, onde meu pai passou os primeiros 21 anos de sua vida durante a Grande Depressão.

Imaginando meu pai como um garoto amish quando tinha nossa idade, meus irmãos e eu adorávamos explorar os celeiros e edifícios em volta da velha propriedade: uma cozinha construída com pedras, um estábulo caiado ao estilo do século XIX ainda em uso e um banheiro externo frágil, mas funcional, nos fundos do jardim, com uma pilha de páginas de um antigo catálogo da Sears. Uma tarde, passeando com meu pai pelo topo de uma montanha, encontramos um interessante fóssil de uma cobra que parecia estar lá desde o Dilúvio. Eu nunca tinha ouvido falar de algo assim, uma cobra presa dentro de uma rocha, e, embora não houvesse nenhuma arca à vista, Noé parecia estar por perto. De repente, me senti como Pedro e João no Monte da Transfiguração e queria construir uma pequena cabana para vivermos lá para sempre, tamanho era o desejo de ficar ao lado do meu pai. Essa é uma das minhas primeiras lembranças de um anseio.

No início do século XX, crescer numa região rural não era algo incomum nos Estados Unidos, mas ser amish sempre significou estar fora de compasso com a população em geral. Os membros de grupos que se separam intencionalmente da sociedade podem se tornar individualistas, apesar de participarem de um arranjo social em que é importante pensar coletivamente. Essa tensão cria, ao mesmo tempo, um fascinante senso de humor e uma certa rabugice. Nessas comunidades, a distinção individual tem limitações. Por sorte, não estão incluídas na lista de restrições da vida amish artesanato, contação de histórias, agricultura, criação de animais, invenções mecânicas, culinária, fabricação de produtos caseiros nem as brincadeiras cujo objetivo é pôr um sorriso no rosto dos vizinhos e amigos.

A noite na casa do meu avô era mágica e misteriosa: os sons noturnos na fazenda, o mugido dos bezerros, o arrulhar dos pombos e o melancólico canto dos pássaros enquanto adormecíamos. Com seus antiquados penicos em cada quarto, os pavimentos de madeira que rangiam há duzentos anos, as lembranças e o cheiro das colchas de retalhos, aquela casa fazia tudo parecer seguro. Os galos, despertadores rudes e ignorantes, acordavam todos antes que o sol raiasse – antes mesmo que Deus acordasse –, mas o aroma do café da vovó já impregnava o ar. O antigo forno à lenha era uma eterna fonte de prazer e havia uma velha caneca de latão que ficava pendurada em uma torneira que trazia água fria da montanha direto para a cozinha. As lembranças me inundavam como o aroma dos lilases na primavera.

No canto atrás da porta do quarto, como um guardião da morte, ficava o caixão de compensado feito pelo meu avô. Eu esquecia que ele ficava lá e toda vez que fechávamos a porta do quarto à noite, aquela visão horrível, tremeluzindo à luz do lampião, me dava o maior susto. Era uma lembrança assustadora de que meu avô tinha consciência de que ia morrer. Ele não sabia quando (e só foi ficar doente muito tempo depois), mas sabia que a morte viria e não parecia se importar com ela nem temê-la. Ele era realmente um homem de outros tempos, sem preocupação com normas sociais nem com suas próprias excentricidades. Quando perguntavam por que não havia dois caixões na casa – a vovó não iria precisar de um? –, ele dava um ligeiro sorriso e dizia que poderia construir outro se ela usasse aquele primeiro. Mas ela não usou.

No dia em que enterramos meu avô, fazia um frio cortante. Uma tempestade de gelo havia varrido o vale enquanto dormíamos e não sei se poderia haver em Nárnia uma cena tão bonita quanto aquela. Cada graveto e cada galho das duas cadeias montanhosas ao nosso redor brilhavam como a pureza do céu. Resplandecendo contra o azul intenso do céu, elas nos acolhiam enquanto pensávamos sobre destino, esperança e Deus. Nós, fazendeiros, cantamos um hino e com carinhosa força fechamos seu túmulo, um costume antigo da nossa família. Para nós, este é o maior ato de amor na Terra que um homem pode fazer por seu pai ou amigo. Não permitimos que estranhos fechem nossos caixões. Não gostamos de coveiros nem de dispositivos mecânicos que os fecham automaticamente. Quando deitamos o corpo de nosso querido Abraham Yoder no túmulo, o adeus foi gentil e carinhoso, uma pá de terra de cada vez sobre o velho patriarca amish que havia travado a luta justa e terminado sua jornada. Seu espírito já havia ido ao encontro de Jesus no céu azul e ele estava livre.

## Morra para poder viver

Como tememos o desconhecido, a morte tem o poder de nos assustar. Então, é paradoxal que Jesus tenha usado sua própria morte para nos libertar daquele que tinha o poder de matar.

Dando sua vida pela nossa liberdade, ele nos convida a morrer para toda a iniquidade, para que possamos desfrutar as dádivas da vida que ele reservou para nós.

Os homens querem saber todos os detalhes antes de fazer algo que lhes é exigido – tanto que, quando Jesus diz que precisamos perder a vida para encontrá-la, sem dar mais nenhuma explicação, são poucos os que aceitam tal exigência. Fazer o que Jesus fez parece uma proposta ruim, mas raramente o anfitrião descreve para os convidados todos os prazeres que planejou para uma maravilhosa noite de festa. O problema é que, até realmente estragarmos tudo, gostamos bastante de nós mesmos da maneira como somos e não estamos muito interessados no convite de Jesus. O risco de perder a vida e tudo aquilo que construímos parece grande demais. Abrir mão de tudo intencionalmente parece ainda pior.

Mesmo assim, os homens querem viver – realmente viver – e o mundo dos homens gira em torno disso. O eixo de tudo o que o homem faz é alimentado por seu desejo de viver, a fim de não perder o que ele deseja e merece. Há pouco tempo, a expressão *carpe diem* virou moda. Ela excitava nossos ouvidos sempre que a pronunciávamos, mas quem sabia o que aquilo realmente significava? Com sua sonoridade sedutora, *carpe diem* era apenas mais uma tentativa de apunhalar nossos anseios. "Viver para tirar da vida tudo aquilo que ela tem a oferecer" é uma forma de ludibriar o objetivo da criação, de forma que você receba de maneira forçada o que só lhe seria dado se houvesse amor.

"Viver para tirar da vida tudo aquilo que ela tem a oferecer" é uma forma de ludibriar o objetivo da criação, de forma que você receba de maneira forçada o que só lhe seria dado se houvesse amor.

*Amar* a vida e *aproveitar* a vida são coisas diferentes. Quando Jesus pede a um homem que receba o caminho de Deus – ou seja, abrace a morte da sua impureza e carregue sua própria cruz a fim de viver –, está sugerindo que ele opte por viver numa relação com Deus e abra mão daquilo que pegou para si mesmo. Essa é a escolha que marca a bifurcação na estrada de todos os homens, a escolha que os guia para relacionamentos significativos ou reforça a infeliz opção de seguir sozinho. E a estrada da solidão está superlotada há muito tempo.

## Jesus ama os mortos e os moribundos

Jesus se importa muitíssimo com os relacionamentos, inclusive aqueles com cafajestes, prostitutas, viciados, hipócritas, plebeus, gente com segredos obscuros e ocultos, bem como trapaceiros e fracassados de toda espécie – até mesmo traidores que o iludiram com um beijo de amizade. O extraordinário é que a morte que Jesus nos convida a abraçar nos possibilita receber tudo o que precisamos para *estarmos* realmente vivos. Jesus garante que fará nosso coração viver. A descrição profética que o rei Davi fez do sofredor mostra sua transição desde a zombaria dos observadores, a divisão de seus trajes e a perfuração de seus pés e mãos até a entoação de um cântico de louvor que contém uma das maiores bênçãos jamais escritas. Aquela bênção, "Que vocês tenham vida longa!" (Salmos 22:26), se tornou o brinde mais frequente em minha mesa de jantar.

Jesus é como um fazendeiro que sabe que a semente plantada no solo vai morrer, mas que aquilo que virá em seguida também será valioso. Até mesmo um único grão de verdade pode produzir a liberdade abundante. Construir seu próprio caixão, portanto, é uma metáfora para descrever a atitude espiritual necessária para se permitir ser enterrado pelo Jardineiro do Éden a fim de ser ressuscitado e entrar na comunidade da vida. Ela ilustra como você desempenha seu papel de homem refinado e individualista que deixa seu pesado fardo para trás em troca de outro leve e fácil de ser carregado. O caminho da morte voluntária leva a uma comunidade na qual recebemos alegria e descanso para nossa alma. Descanso da busca extenuante por autogratificação. Descanso do vazio maligno e das tristezas de uma masculinidade malcuidada. Descanso de tentar ser bem-sucedido em tudo e das negociações que temos de fazer com ideais falsos que nos fazem sofrer. Alguns dizem que o caminho de Jesus é violento porque exige a morte espiritual e não nos poupa da morte física, mas morrer, se meu avô estiver certo, é quase tão simples quanto plantar uma nova semente. A dificuldade depende de quanto resistimos ao inevitável e do fato de compreendermos que essa é uma nova maneira de viver.

---

Construir seu próprio caixão, portanto, é uma metáfora para descrever a atitude espiritual necessária para se permitir ser enterrado pelo Jardineiro do Éden a fim de ser ressuscitado e entrar na comunidade da vida.

---

Se não é violento, o caminho de Jesus é pelo menos invasivo. Não há como fugir desse caminho depois que você pertence a ele. Toda manhã, quando acordo, tenho dois pensamentos: *Ah, de novo não!*, que tem a ver com a maneira como vemos a labuta diária, as dúvidas quanto à nossa existência e o temor de uma luta contínua; e o outro é *Você ainda está aqui?*, como se Deus fosse me abandonar enquanto eu estivesse dormindo. A religião, que estimula a ideia de que devemos conquistar nosso caminho até Deus, é exatamente assim: diminui o grau da bondade de Deus para torná-lo uma simples questão de compensação. Se você acha que Deus vai abandoná-lo por um sujeito mais capaz, menos imperfeito, que pode dar mais do que você, que pode produzir mais do que você e que pode ganhar mais do que você, é porque está preso a uma mentalidade errada. Essa ideia a respeito de Deus deve morrer, e quanto mais depressa melhor. Se você ainda pensa na religião como recompensa, aconselho que você comece a construir seu caixão imediatamente. Há muita coisa que precisa ser carregada até o cemitério. Seria bom que alguns dos nossos líderes espirituais que precisam de mudanças pessoais liderassem a caravana.

Essa ideia sobre religião não é a única coisa que deve morrer e ser enterrada para sempre. Precisamos organizar um bom funeral para todas as coisas que nos tornam menos do que Deus quer que sejamos. Nosso funeral deveria celebrar a morte da autossuficiência e da autodependência, da insegurança e da rejeição, de toda a escravidão gerada por mentiras e meias-verdades, dos vícios, das ameaças, intimidações, abusos, ganância, arrogância, mentiras e orgulho. Aproveitando o ensejo, coloque seus medos naquele velho caixão de madeira também. Vamos lá. Tire todo o lixo do seu coração. Um coração que só está vivo pela metade é pouco mais do que um coração morto. Apesar de tudo o que fizermos para evitar a morte, todos nós vamos morrer em breve e, no momento em que isso acontecer, perderemos tudo: o que é bom, o que é ruim e o que é feio. Por que não trocar o lixo ao qual você tem se agarrado e que resultou na morte no seu coração e se juntar voluntariamente à comunidade da vida em vez de esperar até seu último suspiro? Aqueles que caminham com Jesus sabem que certas coisas morrem facilmente enquanto outras demoram a vida inteira para fazê-lo. Mas, quando enterramos até mesmo o medo da morte, passamos a entender que a graça de Cristo é suficiente para nós neste novo modo de viver. Não precisamos nos preocupar em *tirar da vida* coisa alguma. Em vez disso, recebemos alegremente, de mãos abertas, as dádivas diárias que nos são oferecidas.

## A elegante dança da vida

Antes de podermos receber os benefícios daqueles que vivem como filhos do Pai, precisamos entender o principal elemento que falta a nossa vida. Estamos gradualmente perdendo – em alguns casos, já perdemos completamente – a graça e a bondade de uma comunidade de fé viva e vibrante. Embora o pêndulo social tenha oscilado do individualismo selvagem para as mensagens instantâneas, "tweets" e outras bobagens tecnológicas, as características verdadeiras da masculinidade e da comunidade estão desaparecendo. Por causa disso, estamos empobrecidos e nem percebemos, e não temos a menor ideia do que fazer a respeito. Qual a vantagem de essa geração se tornar mais passiva em tudo, exceto na busca da própria satisfação, e se esquecer do que disse o Mestre – que só aqueles que fizerem a vontade do nosso Pai serão seus irmãos e poderão entrar no Reino dos céus?

A comunidade como eu conheci na simplicidade dos amish e dos menonitas pode ser definida como *unidade comum*, uma sociedade que se mantém unida por um desejo compartilhado de que a vida seja plena, cheia de amor, legado, fé e bondade. Sabíamos o que muitos grupos de igrejas nunca descobrem, ou seja, que a família é mais importante do que o sucesso, que os filhos são mais valiosos do que os esportes, que os avós não podem ser abandonados, que trabalhar juntos para o bem dos outros contribui mais para a construção de laços de amizade do que uma partida de golfe, que as dificuldades criam uma vida melhor do que um cronograma regular de festas e que Deus aprecia e abençoa a celebração da sua bondade. Éramos gentis uns com os outros e procurávamos o bem dos nossos irmãos acima do nosso próprio. Estimávamos mais os outros do que a nós mesmos. Púnhamos em prática a máxima "Que outros façam elogios a você, não a sua própria boca" (Provérbios 27:2) e pensávamos em como não fazer um conceito de nós mesmos mais elevado do que convinha. Repudiávamos ações legais e perdoávamos todos os homens e todas as transgressões, pedindo e oferecendo misericórdia livremente. Quando recebíamos a Ceia do Senhor, nos ajoelhávamos humildemente na frente de nossos irmãos e lavávamos seus pés. Mantínhamos nossas promessas, mesmo que isso fosse doloroso para nós. Não acho que os menonitas ou os amish sejam mais perfeitos do que qualquer outro grupo religioso, mas de uma coisa eu tenho certeza: eles sabem criar uma comunidade de fé que se importa com o seu integrante mais humilde como se ele fosse o mais importante de todos. Nessa celebração dos fracos, eles são exemplos de Jesus Cristo, nosso Salvador.

*Comunidade*, para mim, é uma palavra que celebra os mortos que vivenciaram a ressurreição, que abandonaram a ideia de ser suficientemente bons para Deus e que agora repousam ao lado do nosso Pai. É como se, no meio da escuridão e da tristeza de um planeta destruído, uma luz brilhasse e, no centro desse feixe de luz, perfurando a escuridão, aquele que estava morto dançasse e celebrasse como se nunca tivesse morrido. Ele é acompanhado na grande dança por toda a comunidade de fé e por uma grande nuvem de testemunhas. Essa celebração sagrada, na qual a morte e o medo da morte perdem seu poder, é uma das maiores graças de Cristo – sua elegância oferecida a nós enquanto choramos, dançamos e cantamos –, que nos sustenta até podermos entrar no seu reino eterno.

Por causa da elegância dessa dança, o paradoxo da morte do ego para recriar a vida se torna uma das propostas mais atraentes que um homem pode receber. Na verdade, não gostamos nem precisamos da nossa bagagem, portanto, a troca pende positivamente para o nosso lado e saímos levando vantagem nessa troca. Isso vale não só para homens, mas para mulheres, famílias, igrejas, indivíduos e comunidades. Veja o exemplo de minha amiga Karris, que por quase 10 anos abriu mão de tudo o que tinha para viver entre as crianças do Haiti. Quando alguém a questiona sobre o que ela deixou para trás, seus olhos se enchem de lágrimas e ela diz: “Mas encontrei minha vida.” E há também meu amigo Bill, que não tem filhos, mas cuja sabedoria e bondade transformaram para sempre a vida de dezena de jovens.

Se você me conhecesse há muitos anos, saberia que não sou a mesma pessoa de antes. Eu e minha família apostamos nossa vida na ideia de que Jesus pode nos mudar e está operando em nós mais milagres do que alguém poderia imaginar.

## CAPÍTULO 12

# O homem-Cristo

Ethan tinha 11 anos quando o conheci. Numa manhã de domingo, ele estava sentado no último banco da igreja, esparramado displicentemente nos braços do pai. Ele queria estar em qualquer lugar, menos ali. Eu estava muito cansado e, para ser bastante sincero, também não queria estar ali. Estabelecemos, por causa disso, uma conexão imediata. Mas as menores coisas que Deus faz são importantes, então rezei por Ethan e pensei que seria ótimo se ele aparecesse quando eu estivesse dando a Comunhão, no final da cerimônia.

Na metade da celebração da Ceia do Senhor, Ethan surgiu na minha frente. Ele estava na fila atrás de uma pessoa muito alta, então não o vi chegar. Hesitei por uma fração de segundo, depois me curvei para olhá-lo nos olhos e disse: "Ethan, este é o banquete real do nosso Senhor Jesus Cristo. Este é o corpo dele para você e este é o sangue de Cristo, que elimina todos os seus pecados. Esta é a paz do Senhor para você." Ele ficou olhando para mim, com as mãos largadas ao lado do corpo. Depois, seus olhos se arregalaram e ele praticamente gritou "Uau!" ao aceitar o pão e o vinho. Fiquei exultante.

Ao voltar para casa depois da cerimônia, fiquei pensando naquela cena. Que coisa, Jesus aparecer daquela maneira! Eu estava exausto; Ethan estava emburrado. Então Jesus apareceu e me deu a oportunidade de dar a vida a um garoto que, naquele momento, recebeu uma centelha de vida.

Ao meio-dia, minha família e outros parentes que moram por perto nos sentamos à mesa para um dos ótimos almoços de verão que Linda adora servir. Estava delicioso. Sanduíches de filé grelhado com queijo roquefort, cebolas carameladas e pimentões assados em pães recém-saídos do forno. O que poderia ser melhor? Eu ainda estava extasiado por ter visto o brilho nos olhos de Ethan.

Quando as pessoas iam saindo, alguém fez uma observação que me incomodou e, em um esforço vão e desnecessário para me defender, fiz um comentário que deixou Linda desolada. Ela foi gentil e esperou que todos fossem embora, depois me deu uma bronca. Eu merecia. Em um momento, passei de alguém que dá vida a alguém que a tira. Minha grosseria anulou a alegria da experiência com Ethan e do almoço em família, e o que havia começado com uma festa terminou com uma tarde triste.

Linda e eu ficamos muito tempo na varanda naquela noite, sentados em nossas cadeiras de balanço, processando o que havia acontecido e o que estava por trás daquilo. Ela acabou me perdoando. Para mim, Ethan parecia uma daquelas armadilhas orquestradas por Deus.

Eu havia me tornado um homem-Cristo? O que é essa estranha combinação de Deus e ser humano? Depois da ressurreição, Jesus disse que era necessário ir embora, mas que seu Pai mandaria o Espírito Santo para viver entre seus seguidores, trazendo a eles e ao mundo um profundo benefício espiritual. Seu Espírito, Jesus disse, transformaria de dentro para fora órfãos em filhos.

## A mistura do profano com o divino

Apesar de todas as imperfeições dos homens, essa miraculosa combinação do Espírito de Deus com o espírito do homem cria algo novo que, de acordo com todas as evidências visíveis, é ao mesmo tempo diferente do que existia mas não exatamente igual a Deus. O que é novo retém e restaura a personalidade e as características singulares do homem original, mas dá a ele uma nova bênção, como se seu espírito se tornasse simultaneamente mais velho (e sábio) e mais jovem. A presença de Deus dentro do homem elimina de seu espírito os resultados do pecado – não completamente, mas de maneira perceptível. Assim como o resultado do pecado é uma morte diária e sorrateira, a renovação do espírito vivificante dentro de nós acontece dia após dia e está presente conosco aqui e agora.

Essa vida no Espírito permanece totalmente arraigada ao mundo real. As pessoas morrem e enlouquecem, suas jornadas continuam sendo difíceis, pais ainda enterram filhos. No entanto, o Espírito passa a viver dentro de nós como um bom professor, meigo como uma mãe, sábio como um pai, reconfortante como um amigo, para nos guiar até a verdade que nos liberta das mentiras em que acreditávamos antes de nos tornarmos homens-Cristo. Éramos prisioneiros do ego e das meias-verdades, mas, por causa do Espírito residente de Deus, agora estamos livres. Uma estranha hipérbole descreve isso para nós: "Foi para a liberdade que Cristo nos libertou" (Gálatas 5:1). Essa liberdade, essa presença interna do Senhor, é o que distingue os homens-Cristo dos outros homens. Em última instância, apenas os homens-Cristo têm a plena capacidade de desfrutar sua masculinidade, de se transformar no que Deus diz que um homem deve ser, único entre todas as criaturas divinas.

A liberdade, infelizmente, aterroriza alguns seguidores de Cristo. Um dia, teremos de nos desculpar pela maneira como nossos medos impossiblitaram que os outros conhecessem Deus. Talvez aqueles que insistem em viver como legalistas – ou seja, aqueles que se agarram a suas velhas escravidões em vez de viver em amizade com Deus e com seus irmãos – sejam o melhor exemplo negativo do que estou dizendo. Como buscam viver de acordo com a lei e não com a graça de Deus e como a culpa e a vergonha ainda regulam seu relacionamento com o sagrado, ter dentro de si um Deus que tudo sabe e tudo vê é a pior notícia possível.

Os legalistas também vivem tentando parecer suficientemente bons para Deus, temendo que ele os descubra. Mas ele já os descobriu. Já descobriu todos nós. Somos os prisioneiros que Cristo veio libertar. Ele nos ajuda a nos livrar das forças dominadoras do mal, do egocentrismo e da importância demasiada que damos a nós mesmos. Uma vez libertos, acolhemos sua luz. Acolhemos jovens como Ethan, enviados para receber uma bênção e ensinar algo sobre nós mesmos. Apreciamos a sinceridade de nossa esposa, cuja voz se mistura com o Espírito de Deus dentro de nós para nos ajudar a nos tornarmos homens-Cristo. Aceitamos os golpes de um amigo quando sua intenção é curar e estendemos a misericórdia àqueles que ainda não foram apaziguados pelo Espírito de Cristo.

Se for verdade – e é – que Deus, que agora vive dentro de mim, conhece todos os meus pensamentos e me ama de qualquer modo, preciso dizer duas coisas: Deus se tornou de repente meu melhor amigo. Posso temer sua amizade se não acreditar que ele é bom ou posso recebê-lo e começar uma vida incrível com meu novo parceiro e amigo. Ele conhece minhas tristezas e tudo o que há dentro de mim. Seu Espírito é um farol e faz da minha vida uma luz que ilumina lugares escuros para que os outros possam encontrar seu caminho. Imagine o que aconteceria se você e sua mulher tivessem o mesmo melhor amigo – Deus – e parassem de se esforçar para não desapontar o outro porque sabem que isso vai acontecer e que seu melhor amigo vai estar lá para ajudá-los a resolver qualquer conflito. Sua vida seria diferente e talvez você se questionasse por que pensava que precisava de uma religião se tinha um convite perpétuo para desfrutar um relacionamento com Deus.

---

Seu Espírito é um farol e faz da minha vida uma luz que ilumina lugares escuros para que os outros possam encontrar seu caminho.

---

Por trás de toda inteligência, toda experiência, toda espiritualidade está a questão sobre o que e quem somos. A antropologia se debruça sobre *quem* somos – isso pode ser observado em nosso comportamento, em nossas realizações e nos nossos padrões sociais – e conclui que somos mais inteligentes do que os outros animais. Brilhante, mas esse é o telhado de vidro do raciocínio humano. Sabemos que há mais, mas não conseguimos compreender o quê. Então Deus nos convida a ter uma visão diferente, permitindo que entendamos o potencial que ele criou em nós, um potencial sagrado que é expresso na combinação homem-Cristo. Ele vê desígnio e personalidade, e não apenas comportamento, vê identidade mais do que desempenho, vê destino em vez de evolução. E mais, ele nos empresta seu caráter e nos permite vivenciar sua glória, que é a fonte do nosso anseio e da nossa alegria. Essa glória está presente nas relações em que ele é bem-vindo.

## O grande mistério

A questão de quem é Deus e de quem somos nós nessa combinação homem-Cristo é atraente e misteriosa, uma união do infinito e do finito. É um enigma tanto para antropólogos quanto para teólogos. O velho ponto de referência perde o sentido. A vida chega àquele que estava morrendo e ele adquire uma nova inteligência espiritual. Essa renovação espiritual revela um poder que ultrapassa a caminhada evolutiva e produz uma transformação radical em indivíduos e em sociedades inteiras. Esse é o poder de Deus para reverter a desintegração de todas as coisas por meio da interposição da vida espiritual nos ciclos de morte e decadência. Tornei-me um homem de dois mundos, alegremente esquizofrênico, maravilhosamente são, um homem que está morrendo, mas que está mais vivo do que nunca.

Cristo e homem são um dueto eterno e inseparável. Um é o redentor através do qual o poder da ressurreição chama os homens; o outro representa Deus entre seus semelhantes, falando e fazendo da melhor maneira possível tudo o que seu irmão – Cristo – diz para ele falar e fazer. Essa é a conclusão sobre quem é Cristo, quem somos nós e quem é Cristo e homem juntos.

Pense em como um artista se relaciona com sua tela ou como um escultor se relaciona com sua matéria-prima. Eles são infinitos em comparação com os objetos inanimados sob suas ferramentas, mas dão vida a um tecido plano ou a uma pedra comum.

Tenho uma teoria sobre Deus: o Senhor cria pessoas porque ama criar e, como todo artista, gosta de se expressar por meio de sua arte. Por ser infinito, Deus precisa de bilhões de pessoas para se expressar. É por isso que cada um de nós é completamente diferente, mas carrega semelhanças que são nossos pontos de ligação entre nós e Deus. O que era pó, tela, pedra, agora é alma viva, mas o Artista pode fazer algo ainda melhor: pode deixar que seu Espírito viva dentro de sua arte. Sua capacidade artística é tão grande que ele possibilita à criação aceitar ou não a presença de seu Espírito. Isso significa que a arte recebeu o poder intrínseco de se tornar mais do que a criação original; de ter personalidade; de ser criativa e desfrutar uma conexão dinâmica com seu criador. Assim, o fato de termos características divinas e ao mesmo tempo sermos totalmente humanos se torna plausível. No entanto, se não recebemos o Espírito do Artista, a desintegração moral, espiritual e intelectual se torna inevitável.

Os homens que recusam o Espírito do Artista por meio da experiência do renascimento que Jesus oferece geralmente não querem perder sua própria identidade, sua personalidade ou seu estilo de vida. Ou não querem se tornar fanáticos religiosos. Em vez de tentar convencê-los ou de enumerar o que estão perdendo, minha proposta para os homens-Cristo é que se tornem tão autenticamente vivos que os outros passem a achar a oferta do Artista irresistível. Para fazer isso, precisamos permitir que o Artista despeje sua vida dentro de nós e dar-lhe espaço e tempo para completar sua obra.

Há muitos anos, a amiga mais doce que já tive morreu de câncer. O fato de Peggy ter sido a primeira de nossas amigas íntimas a morrer parece ao mesmo tempo absurdo e correto. Absurdo porque, entre todas as outras pessoas, ela era a que mais merecia viver; correto porque ela era mais completa, mais perfeita do que a maioria das pessoas que conhecíamos.

Alguns meses antes da morte dela, os quatro casais que compartilharam a vida por mais de 25 anos se encontraram para um último jantar no dia de São Valentim. Pedi permissão para concentrarmos nossa conversa no amor que sentíamos por ela e no que sua partida significaria para todos nós.

A ideia de que perderíamos Peggy em breve e o fato de que nós, seus melhores amigos, não tínhamos conversado a respeito estavam me enlouquecendo e me deixando constrangido. Como podíamos dizer que éramos amigos se não falávamos sobre a situação mais difícil que teríamos de enfrentar? O que diríamos depois? Como o amor pode ser mais forte do que a morte, se as lembranças da vida se misturam com a angústia da morte certeira? Por que não conseguíamos amar Peggy e uns aos outros com o coração aberto?

Naquela noite, conversamos sobre o que a amizade, o amor, os relacionamentos e as batalhas que travamos ao longo de tantos anos juntos haviam criado em nosso coração. O Artista estava misturando novas cores para nós. Mais tarde, a melhor maneira que encontramos para descrever aquela noite foi dizer que vivenciamos a glória de Deus na amizade e que preenchemos nosso coração de amor enquanto a dor escorria de nosso rosto até o mar da bondade de Deus. Ele desceu para se sentar conosco no vale da sombra da morte. As mulheres abriram o coração para Peggy, uma a uma. Ficamos sentados ouvindo o incomum afeto sendo derramado como água sagrada das fontes de Belém.

O que as mulheres disseram teria sido suficiente, mas incompleto. As palavras que cada um dos homens acrescentou foram como a harmonia perfeita de uma linda melodia. Um irmão geralmente calado foi eloquente, uma força suave se misturou a suas lágrimas e se tornou evidente em suas palavras. Fomos silenciados pelo amor e, quando as palavras não podiam mais expressar o que sentíamos, partimos o pão e o abençoamos, servimos vinho e rezamos, e recebemos do Senhor o que ele dá quando compartilhamos o sofrimento. Aquela noite, Espírito e verdade nos tornaram mais unidos do que em qualquer outro momento de nossa longa amizade. "Vá, doce amor", dissemos, "mas apenas se você realmente tiver de ir." Quatro meses mais tarde, nossas lágrimas tornaram quase impossível encontrar o caminho para carregar o caixão de Peggy até o túmulo, outra doce obra de arte agora terminada.

## A atração suprema

Então, na tristeza e na morte, na celebração e na alegria, o homem que aceita Cristo está aprendendo a viver e está renovado a cada dia. A morte elimina o terrível fingimento. Nossa conversa sobre a atração que os homens sentem pela beleza e sobre o seu desejo de estar do lado vencedor, mesmo como espectador em um estádio, agora migra para um assunto mais profundo. A glória de Deus é a atração suprema da masculinidade, mas, como essa glória muitas vezes é invisível, somos seduzidos pela beleza fugaz. Se sucumbimos a ela, somos reintroduzidos no vazio que lutamos tanto para eliminar de nossa vida.

Se a glória de Deus e o nosso relacionamento com ele são de fato a maior fonte de alegria para o homem-Cristo, por que vemos tão poucos homens alegres? Acho que isso acontece justamente porque trocamos a glória de Deus por indulgências que quase apagaram nossa masculinidade e porque as amizades que fazemos com outros homens são apenas sombras de algo maior que existe em outro lugar.

---

A glória de Deus é a atração suprema da masculinidade, mas, como essa glória muitas vezes é invisível, somos seduzidos pela beleza fugaz.

---

O homem-Cristo vê esse dilema. Ele não apenas recebeu uma cura para seu vício de si mesmo, como está em uma jornada com Deus na qual nosso Pai está levando "muitos filhos à glória" (Hebreus 2:10) e na qual suas fraquezas se tornam transparentes. Ter Deus como amigo muda tudo. Como Deus está fazendo esse trabalho incrível em nós, Jesus não se envergonha de nos chamar de irmãos (Hebreus 2:11). Esse grupo de irmãos – cuja amizade espiritual desvendou os mistérios do homem – tem tudo o que é necessário para levar cura e vida a todos à sua volta. Fazemos isso com autenticidade, sinceridade e sabedoria, tendo abandonado a falsa "responsabilidade" de "consertar os outros", optando, em vez disso, por convidar nossos amigos e parentes a também se tornarem santuários habitados pela presença de Cristo.

Habitado pela glória de Deus – ou seja, pelo espírito e pela verdade do nosso Irmão –, o homem-Cristo percorre a fronteira acidentada entre fé e cultura. Mas ele faz isso de tal maneira que as duas coisas se tornam integradas. Ele aprende os dialetos da cultura e da sociedade em que vive. Destrói a guerra cultural e a substitui por atitudes sensatas e conversas vivificantes que conduzem o pensamento até a sabedoria de Deus. Ele faz isso porque se uniu a Cristo na busca de liberdade para todos os homens, uma busca na qual liberdade e obediência não são mais antagônicas, mas polos magnéticos que equilibram nossa existência. Ainda capazes de fazer o mal, escolhemos o bem.

Um dia, meu filho disse do nada:

– Pai, obrigado por não ser um zumbi.

Ele conhece suficientemente a si mesmo e aos outros para saber que os homens são capazes de se tornar zumbis, de se esconder dentro de conchas que ocultam seus restos mortos e moribundos.

– O que você quer dizer com isso? – perguntei.

– A maioria dos homens da sua idade já desistiu – disse ele – e é impossível conversar com qualquer um deles.

Essa é uma triste realidade, mas espero que não seja a verdade final sobre esta geração. Não é tarde demais, porém nada do que você leu aqui vai mudar sua vida se você resistir sozinho e voltar para sua concha silenciosa e solitária. Então, restam alguns pensamentos e uma ou duas coisas práticas que você pode levar em consideração se quiser dar a si mesmo a chance de recuperar sua vida. Aceite que você não é perfeito e que não pode se aperfeiçoar por conta própria. Relaxe. Observe o homem que vive plenamente. Ele é um homem com amigos e um estilo de vida construído a partir de amizades intencionais. O homem que tem amigos íntimos é um homem que está presente em espírito e em verdade com as pessoas que o rodeiam. A amargura afasta os amigos, mas um coração puro e gentil acolhe aqueles que, de outra maneira, permaneceriam estranhos. O homem-Cristo busca acolher a todos, até aqueles com capacidade de traí-lo. Ele é um homem sem segredos, através do qual luz e amor atravessam livremente. Sua humanidade é completa.

Perto do fim da vida, meu pai gostava de dizer: “Meus dias de preocupação ficaram para trás.” Ele havia descoberto no nosso Pai a profunda e antiga poesia que dá ao homem a canção de seu coração.

Há muito mais a ser dito sobre caráter, nobreza, honra, beleza, verdade e amor, mas você pode dizer isso com sua vida e com as palavras do seu coração, que ecoarão no coração de seus filhos, seu cônjuge, seus companheiros e amigos, quando você criar coragem para dizer o que sente e o que calou por tanto tempo.

# Uma prece para os homens vazios

*Senhor, preencha meu vazio com sua presença,*
*Substitua meus desejos e minha vontade por sua paixão sagrada e sua vontade,*
*E permita que as palavras da minha boca e a meditação do meu coração*
*Sejam aceitáveis aos seus olhos, Senhor, minha Rocha e meu Redentor.*

CONHEÇA OS CLÁSSICOS
DA EDITORA SEXTANTE

*1.000 lugares para conhecer antes de morrer*, de Patricia Schultz

*A História – A Bíblia contada como uma só história do começo ao fim*, de The Zondervan Corporation

*A última grande lição*, de Mitch Albom

*Conversando com os espíritos* e *Espíritos entre nós*, de James Van Praagh

*Desvendando os segredos da linguagem corporal* e *Por que os homens fazem sexo e as mulheres fazem amor?*, de Allan e Barbara Pease

*Enquanto o amor não vem*, de Iyanla Vanzant

*Faça o que tem de ser feito*, de Bob Nelson

*Fora de série – Outliers*, de Malcolm Gladwell

*Jesus, o maior psicólogo que já existiu*, de Mark W. Baker

*Mantenha o seu cérebro vivo*, de Laurence Katz e Manning Rubin

*Mil dias em Veneza*, de Marlena de Blasi

*Muitas vidas, muitos mestres*, de Brian Weiss

*Não tenha medo de ser chefe*, de Bruce Tulgan

*Nunca desista de seus sonhos* e *Pais brilhantes, professores fascinantes*, de Augusto Cury

*O monge e o executivo*, de James C. Hunter

*O poder do Agora*, de Eckhart Tolle

*O que toda mulher inteligente deve saber*, de Steven Carter e Julia Sokol

*Os segredos da mente milionária*, de T. Harv Ecker

*Por que os homens amam as mulheres poderosas?*, de Sherry Argov

*Salomão, o homem mais rico que já existiu*, de Steven K. Scott

*Transformando suor em ouro*, de Bernardinho

# INFORMAÇÕES SOBRE OS PRÓXIMOS LANÇAMENTOS

Para receber informações sobre os lançamentos da Editora Sextante, basta cadastrar-se diretamente no site www.sextante.com.br

Para saber mais sobre nossos títulos e autores e enviar seus comentários sobre este livro, visite o site www.sextante.com.br ou mande um e-mail para atendimento@esextante.com.br

Editora Sextante
Rua Voluntários da Pátria, 45 / 1.404 – Botafogo
Rio de Janeiro – RJ – 22270-000 – Brasil
Telefone (21) 2538-4100 – Fax (21) 2286-9244
E-mail: atendimento@esextante.com.br